LIVE
LOVE
OLIVE

Impressum:
ISBN: 978-3-903113-33-6
© 2017 echomedia buchverlag
echo medienhaus ges.m.b.h.
Herausgeber: Margit und Richard Schweger
Produktion: Ilse Helmreich
Layout: Elisabeth Waidhofer
Covergestaltung: Elisabeth Waidhofer, Cornelia Seirer
Lektorat: Tatjana Zimbelius
Mitarbeit: Cornelia Seirer, Matthias Eckkrammer, Camilla Kaiser
Illustrationen: CURARCHITECT – Mia Papaefthimiou
Coverfoto: Florence Stoiber
Herstellungsort: Wien

Besuchen Sie uns im Internet:
www.echomedia-buch.at

LIVE
LOVE
OLIVE

Genießen mit
Olivenöl

& FRIENDS
KOCHEN

BUCHVERLAG

Inhalt

Alles, was wächst, braucht Zuwendung

Unglaublich: 2018 wird NOAN zehn Jahre alt! Eine lange Zeit, in der sich viel bewegt hat und wir viel erfahren durften. Vor 2008 wussten wir noch nicht, wie tief wir in die Welt des Olivenöls eintauchen würden, denn am Anfang stand eigentlich etwas anderes: die Idee einer sozialen Unternehmung, um damit einen Beitrag für benachteiligte Kinder zu leisten, inspiriert durch persönliche Erlebnisse in Brasilien und Indien.

Diesen Traum verbanden wir mit unserer Liebe zu Olivenöl. So entstanden NOAN (mehr dazu ab Seite 132) und in weiterer Folge unsere drei Olivenöle: Classic, Douro und Intenso. Über die Jahre sind wir kundig geworden, was richtig gutes Olivenöl ausmacht und welche Nuancen man darin finden kann. Zu unserem Glück lernten auch viele renommierte Köche, Gastronomen, Blogger, Unternehmen und Freunde unser Olivenöl zu schätzen. Sie alle wurden zu „Friends of NOAN". Und sie sind auch der Grund für das Buch, das Sie in Händen halten. Die vielen Kooperationen, alten und neuen Freundschaften haben unter anderem Früchte in Form köstlicher Rezepte getragen. Diese haben wir nun zu einem Werk gebündelt, das zeigt, wie vielfältig Olivenöl in der Küche einsetzbar ist, und außerdem feiert, wie NOAN mit Hilfe so vieler Menschen zu dem werden konnte, was es heute ist.

Und weil Olivenöl eben nicht gleich Olivenöl ist, steht auch jedem Rezept das dazu passende Olivenöl zur Seite. Im Grunde ist es so ähnlich wie beim Wein: Genau wie ein Bordeaux nicht das ideale Getränk zu einem leichten Fischgericht ist, so passen auch manche Olivenölsorten besser zu einer Speise als andere. Zudem wollen wir Ihnen einen Einblick geben, wie wertvoll gutes Olivenöl ist, wie es produziert wird, an welchen Merkmalen man es erkennt und welche Wirkung es auf die Gesundheit haben kann. Es ist ein bunter Mix verschiedenster Rezepte geworden, mit unterschiedlichen Ansätzen und Schwierigkeitsgraden – von simplen Basics bis zu raffinierten Ausflügen in die hohe Küche. Blättern Sie durch, lassen Sie sich inspirieren und vor allem: Genießen Sie mit uns diese einmalige Küchenzutat, die wir bei NOAN so sehr lieben, Olivenöl.

Nicht zuletzt gehören neben den vielen Köchen, Partnern und Freunden auch Sie, liebe Lesende, zu den „Friends of NOAN", die dieses Projekt tragen, auf das wir alle gemeinsam ein bisschen stolz sein dürfen.

Herzlichst,
Margit und Richard Schweger

Olio Portfolio –
Olivenöl ist nicht
gleich Olivenöl

Wenn Sie richtig gutes Olivenöl suchen, müssen Sie es probieren. Zuerst riechen, dann kosten; es pur im Mund seine Wirkung entfalten lassen, denn ein Etikett allein sagt oft sehr wenig über die Qualität des Inhalts aus.

Eine Olive ist eine Frucht und Olivenöl folglich ein Fruchtsaft. Und nur einem guten Olivenöl merkt man das auch an. Sie müssen die Fruchtigkeit riechen können, noch bevor das Öl überhaupt Ihren Gaumen berührt hat. Probieren Sie es einfach aus: Geben Sie etwas NOAN Olivenöl und einige andere Olivenöle in kleine Gläschen und testen Sie sie blind, zuerst mit der Nase, dann mit dem Gaumen. Professionelle Olivenölverkoster wärmen das Öl in ihren Händen etwas an. Nippen Sie eine kleine Menge und lassen Sie sie auf alle Bereiche des Mundraums einwirken, von der Zungenspitze bis zum Rachen.

Wirklich gutes Olivenöl muss drei wesentliche Merkmale aufweisen: Das wichtigste und prägnanteste Merkmal ist das wohlriechende Fruchtaroma, das später auch im Gericht voll zur Geltung kommt. In dieser Fruchtigkeit liegt die wahre Vielseitigkeit des Olivenöls, denn je nach Sorte findet man darin unglaublich facettenreiche Geruchs- und Geschmacksnoten: von grünen und reifen Tomaten, frisch geschnittenem Gras oder belebender Minze über Apfel, Mandel, Artischocke bis hin zu süßlichen Tönen von Banane oder Beeren – die Liste ist schier endlos.

Die beiden anderen Merkmale treten in einer fertigen Speise in den Hintergrund, gerade deshalb muss man das Öl auch pur kosten. Man sollte zum einen eine gewisse Schärfe feststellen. Ein leichtes Kratzen am Gaumen mag für Olivenöl-Laien anfangs etwas irritierend wirken, ist in Wahrheit aber ein Hinweis, dass man es mit einem guten Öl zu tun hat. Ebenso sollte man feine Bitternoten schmecken. Diese sind genauso wie die Schärfe ein Zeichen für einen hohen Polyphenol-Anteil, jene sekundären Pflanzenstoffe, die maßgeblich für den Gesundheitsaspekt eines Olivenöls verantwortlich sind.

Label keine Garanten dafür, dass Ihnen ein Öl auch entspricht. Da helfen einmal mehr nur das Riechen und das Kosten. Wenn ein Olivenöl stechend, leicht modrig oder einfach nach fast gar nichts riecht oder schmeckt, zeugt das von minderer Qualität.

Grünes Gold ...

Der Ursprung des Olivenöls ist ohne Zweifel der mediterrane Raum, über neunzig Prozent der weltweiten Olivenölproduktion findet hier statt. Das meiste Olivenöl wird in Spanien erzeugt. Es ist übrigens auch das einzige Land, das seinen Eigenbedarf decken kann, gefolgt von Italien und Griechenland, dem Land mit dem höchsten Pro-Kopf-Verbrauch. Kein Wunder – im Ursprungsland unseres NOAN Classic ist der Olivenbaum und seine Frucht so stark mit der Kultur verbunden wie nirgendwo sonst auf der Welt.

Sie schützen Ihren Körper vor dem Altern und das Öl vor der Oxidation, dem „ranzig Werden".

Olivenöle der ersten Güteklasse sind mit dem Label „extra virgin" oder „Natives Olivenöl Extra" versehen. Das bedeutet unter anderem, dass das Öl nur durch mechanische Verfahren gewonnen wurde, es keine organoleptischen Defekte aufweist und einen Säureanteil von maximal 0,8 % hat. Leider sind diese

Gut gemachtes Olivenöl schmeckt nicht nur ausgezeichnet, sondern ist nachweislich gesund. Die bereits erwähnten Polyphenole etwa sind Antioxidantien, die im Körper entzündungshemmend, krebsvorbeugend und positiv auf den Cholesterinspiegel wirken. Zudem schützen sie nicht nur das Olivenöl vor dem Altern, sondern auch Ihre Zellen. Gemeinsam mit dem in Oliven enthaltenen Vitamin E haben sie einen verlangsamenden Effekt auf die Zellalterung. Erst vor kurzem konnten Salzburger

Wissenschaftler nachweisen, dass Olivenöl den Reinigungsprozess der Zellen antreibt und sie dadurch jung hält. Olivenöl ist quasi ein natürliches Anti-Aging-Produkt. Aber nicht nur innerlich, auch äußerlich hat das grüne Gold viele positive Wirkunken, zum Beispiel für die Pflege von Haut, Nägeln oder Haaren.

... und wie es gemacht wird

Damit Olivenöl all seine positiven Eigenschaften auch tatsächlich zeigen kann, muss es besonders sorgfältig und schonend produziert werden. Dabei kommt es sowohl auf den Erntezeitpunkt, die Auswahl der Früchte, das Pressverfahren sowie die weitere Verarbeitung, das Gebinde und die Lagerung an.

Für unsere NOAN Olivenöle werden die überwiegend noch grünen Oliven manuell geerntet und nur die ganzen, unbeschädigten Früchte für die weitere Verarbeitung verwendet. Das muss innerhalb weniger Stunden geschehen, damit der Oxidationsprozess gering gehalten wird und möglichst viele Polyphenole erhalten bleiben.

Die Oliven kommen in eine Bio-Ölmühle, wo sie schonend und bei optimaler Temperatur zu einer Maische zerkleinert werden. Diese wird danach in einer Zentrifuge in ihre Bestandteile Öl, Fruchtwasser und Reste des Kerns und Fruchtfleisches getrennt. Das Öl ruht dann erst einmal einige Tage, damit sich Rückstände der Olive ablagern können. Schließlich wird das Öl noch einmal durch spezielle Zellulosefilter optimiert, in denen die restlichen organischen Feststoffe sowie Wasserteilchen hängen bleiben.

Bei der Aufbewahrung ist es sehr wichtig, dass weder Licht noch Sauerstoff an das Olivenöl kommen, denn das würde die Oxidation des Öls beschleunigen. Deshalb wird das Öl vor dem Abfüllen in großen Edelstahltanks gelagert, unter Sauerstoffausschluss und kontrollierter konstanter Temperatur. Von dort wird das Olivenöl in regelmäßigen Abständen frisch in Einzelverpackungen abgefüllt. Dazu verwendet NOAN Weißblechdosen, da diese für die

Aufbewahrung besser geeignet sind und auch leichter recycelt werden können als herkömmliche Einwegflaschen. Die optimale Lagertemperatur liegt bei 14 bis 18 Grad. Am besten stellen Sie Ihr Olivenöl an einen kühlen Ort, perfekt geeignet ist etwa ein Weinkühlschrank.

Und am Ende die große Frage:
Darf man Olivenöl erhitzen?
Um ein Ammenmärchen aus der Welt zu schaffen: Ja! Denn wenn man Olivenöl nicht erhitzen dürfte, wären ganz Italien und Griechenland wohl schon lange verhungert.

Olivenöl eignet sich hervorragend zum Braten und Kochen, es kommt aber wie so oft auf die Qualität an. Grundsätzlich sollte man Fette und Öle nicht so weit erhitzen, dass optisch eine Rauchentwicklung erkennbar ist, da dabei schädliche Stoffe freigesetzt werden können. Bei gutem, extra nativen Olivenöl liegt dieser Rauchpunkt bei etwa 180 °C, Erhitzen bis Braten ist daher gar kein Problem.

Intenso

Dieses Olivenöl trägt eine kräftige Dosis italienische Lebensfreude in sich. Für das Intenso arbeitet NOAN mit Bauern aus verschiedenen Teilen des Landes zusammen: Jedes Jahr wählt der Olivenölexperte Duccio Morozzo della Rocca die Region mit der besten Ernte der hochwertigsten Olivensorten für uns aus, etwa der Sorten Nocellara del Belice oder Itrana. So hatte das Intenso seinen Ursprung auf Sizilien, in Kalabrien und im Latium.

Es ist sowohl in Geschmack als auch Geruch ein sehr intensiv-fruchtiges, vollmundig-würziges Olivenöl – das kräftigste unserer drei Öle. Sein Charakter wird geprägt durch die Aromen von Tomatenblättern, einem reichen Bouquet aus Kräutern wie Thymian oder Basilikum, und es trägt einen Hauch frischer Walnuss, grüner Banane, weißen Apfels und Minze in sich.

Das Intenso ist perfekt geeignet für kräftige Fleischsorten wie Rind, Kalb oder Wild, gehaltvolle Fische wie Thun- und Schwertfisch oder Sardinen, Sughi, Bruschette, Melanzani, Tomaten und Chicorée sowie Käse, etwa Mozzarella, Ziegenfrischkäse und Schafkäse.

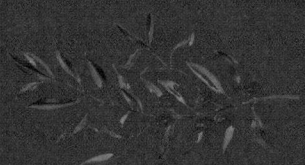

noan

OLIVE OIL
EXTRA VIRGIN

BIO · ORGANIC

INTENSO

250 ml (8.45 fl. oz.)

Classic

Das Classic ist das erstgeborene der drei NOAN Olivenöle und hat seinen Ursprung auf dem Pilion, einer naturbelassenen Halbinsel im Osten des griechischen Festlandes. In enger Zusammenarbeit mit ortsansässigen Kleinbauern werden hier nur die besten der noch grünen Oliven der Sorte Amfissa für die Weiterverarbeitung ausgewählt. Diese ist eine der elegantesten mediterranen Olivensorten, die aber nur in einem kleinen Teil von Griechenland zu finden ist. Ein Amfissa-Olivenöl ist somit international eine echte Rarität. Mit ihrem feinen, festen Fruchtfleisch wird diese Sorte auch als Tafelolive verwendet – bei NOAN im Glas in der Salzlake zu finden.

Das NOAN Classic ist ein mittelfruchtiges Olivenöl, das auf seine einzigartige Weise reich an Geschmacks- und Geruchsnoten ist, aber niemals ein Gericht dominiert, sondern es beflügelt. Seine feinen Aromen bleiben am Gaumen haften und sie erinnern an frisch geschnittenes Gras, Tomaten, mediterrane Wildkräuter, schwarzen Pfeffer und grüne Mandeln. Gepaart mit sanften Bitterstoffen und einer dezenten Schärfe machen diese Geschmacksnoten das Classic zu einem Olivenöl-Juwel mit sanftem und doch pfeffrigem Abgang.

Besonders gut ergänzt es Geflügel oder Lamm, feine Fische wie Wolfsbarsch und Zander sowie Salate und Süßspeisen. Darüber hinaus macht es seine perfekte Ausgewogenheit zu einem allseitig verwendbaren Olivenöl, das den unterschiedlichsten Speisen den letzten kulinarischen Schliff verleiht.

Douro

Das NOAN Douro trägt seinen Namen mit Stolz, denn es hat ihn durch die Region, aus der es stammt. „Alto Douro" ist die älteste geschützte Weinbauregion der Welt und liegt im Nordosten Portugals. Das Gebiet ist nicht nur für die Herstellung exzellenter Port- und Rotweine bekannt, sondern beherbergt auch eine einzigartige, aromatische Olivenkultur. Mardural, Negrinha, Cobrançosa und Verdeal Trasmontana – so heißen jene vier charakteristischen Sorten, die nur hier gemeinsam gedeihen und aus denen das NOAN Douro gepresst wird. Es ist sozusagen ein gemischter Satz, einzigartig in Geschmack und Qualität.

Seinen Charakter verdanken wir auch dem Wetter: Wenig Regen, sehr kalte Winter und heiße Sommer, in denen es nachts stark abkühlt, führen dazu, dass die Oliven ihre Aromen besonders stark konzentrieren. Das zeigt sich im leicht- bis mittelfruchtigen NOAN Douro vor allem an seinen besonders ausgeprägten Duftnoten.

Geruch und Geschmack erinnern an weißfleischige Früchte wie Apfel und Birne, an aromatische Kräuter wie Rosmarin sowie an grüne Tomaten. Auch ein Hauch belebender Minze schwingt mit und gibt dem NOAN Douro den besonderen Frischekick.

Es ist die perfekte Ergänzung für Fisch und Meeresfrüchte, etwa für Kabeljau, Lachs oder Krustentiere. Darüber hinaus passt es hervorragend zu weißem Fleisch oder Lamm, zu vielerlei Gemüse, Salaten und Suppen, tomatenbasierten Gerichten sowie zu Süßspeisen – und hier insbesondere zu Schokoladendesserts.

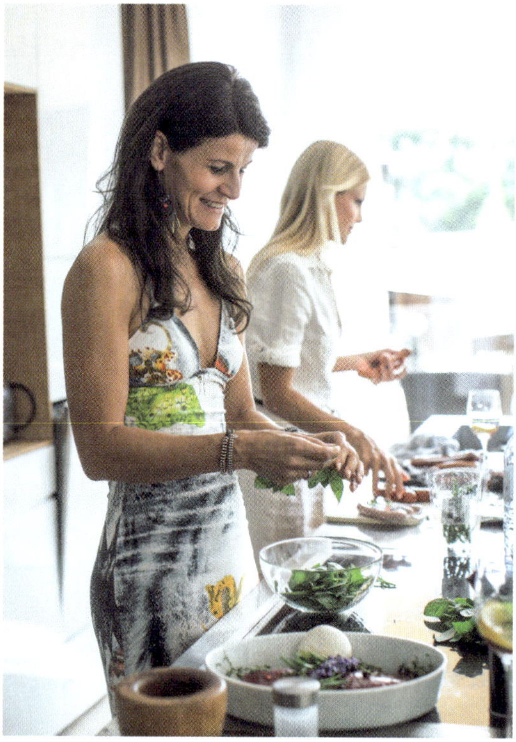

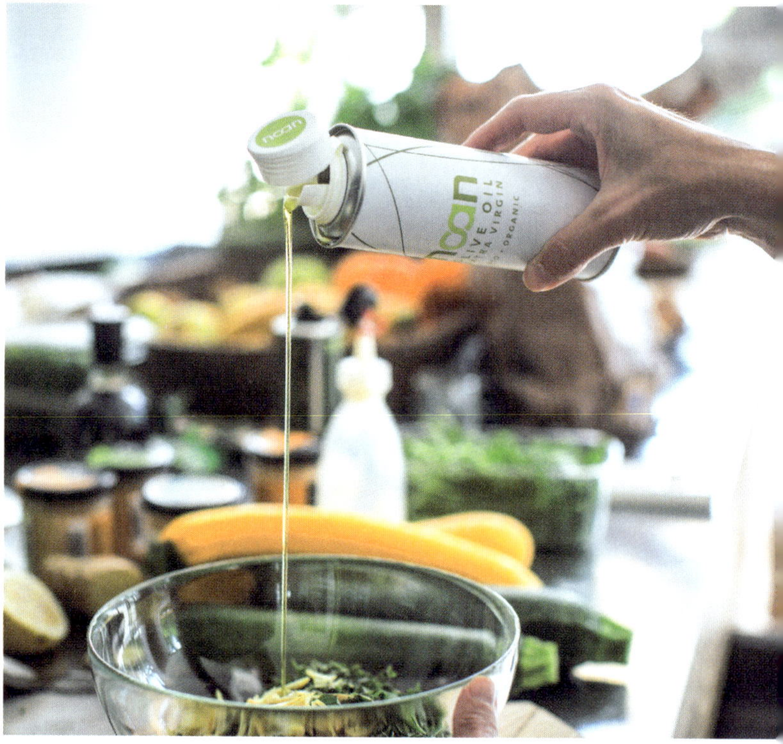
noan
noan
ORGANIC

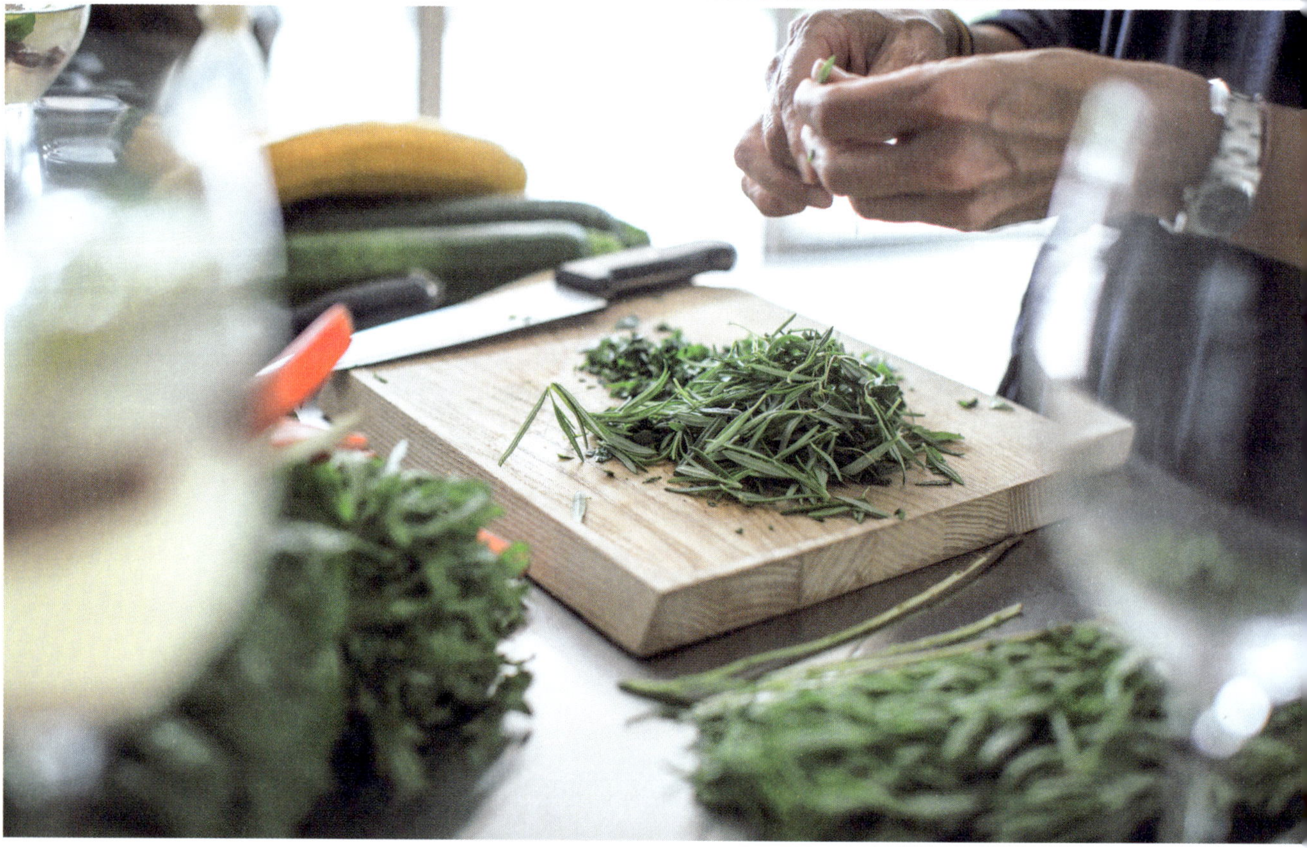

Vorspeisen

Douro

FÜR 2 PERSONEN

160 g Quinoa tricolore

1 Bio-Gurke

250 g Bio-Champignons

1 TL Kurkuma gemahlen

NOAN Olivenöl Douro

100 g Erbsen

60 g Radieschen

Meersalz

20 g Agavendicksaft

½ TL Dijon-Senf

75 ml Chardonnay-Essig

1 Radicchio Castelfranco

1 Stück Burrata

Sommerlicher Quinoa-Salat

Dieses Rezept ist von *Paul Ivić*

Quinoa in ein feines Sieb geben und vor dem Kochen mit lauwarmem Wasser abschwemmen. Quinoa in etwas Olivenöl anschwitzen, mit Wasser aufgießen und ca. 15 Minuten kochen. Abseihen und in eine Schüssel geben.

Champignons waschen und sechsteln. 3 EL Olivenöl leicht erwärmen und die geschnittenen Champignons hinzufügen. Die Champignons bei mittlerer Hitze 5 Minuten garen. Mit Salz und Pfeffer aus der Mühle und Kurkuma würzen.

Die geschälten Gurken in 1 cm große Würfel schneiden und den Champignons beimengen. Das Gemüse zugedeckt ca. 3–5 Minuten bei geringer Temperatur dünsten. Vom Herd nehmen und Petersilie oder Dille grob schneiden und hinzufügen. Das Gemüse mit dem Quinoa vermengen. Erbsen aus den Schoten brechen. Radieschen waschen und halbieren. Mit Olivenöl und etwas Meersalz marinieren.

Blattsalat waschen, marinieren und unter den Quinoa mengen. Für die Marinade Agavendicksaft, Dijon-Sef, Chardonnay-Essig und 250 ml Olivenöl verrühren und mit Salz und frisch gemahlenem Pfeffer abschmecken. Die Burrata mit Salz und Pfeffer marinieren, mit Olivenöl beträufeln und separat anrichten.

Douro

FÜR 4 PERSONEN

500 g altbackenes Schwarzbrot

1 kleine Zuckermelone

250 g Cocktailtomaten

150 g Feta

1 kleine Zwiebel

eine Handvoll Oliven

eine Handvoll frische Kräuter (Minze, Basilikum, Petersilie)

NOAN Apfel-Balsamessig

Salz, Pfeffer

NOAN Olivenöl Douro

Panzanella rough cut

Brot in Würfel schneiden, in Olivenöl knusprig anbraten. Tomaten vierteln, Zuckermelone entkernen, schälen, würfeln, Zwiebel in Ringe schneiden, mit den Brotwürfeln anrichten, restliche Zutaten darauf verteilen und marinieren.

Mit dieser Panzanella von Alexandra Palla kann man aus schon etwas härterem Brot noch ein grandioses Gericht zaubern.

Spezialtipp der Köchin: Put a lot of love in!

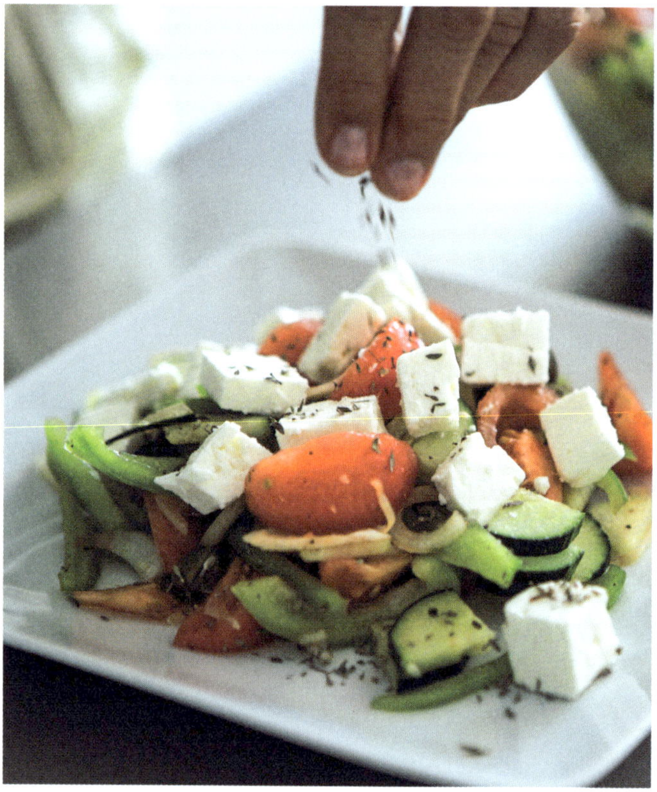

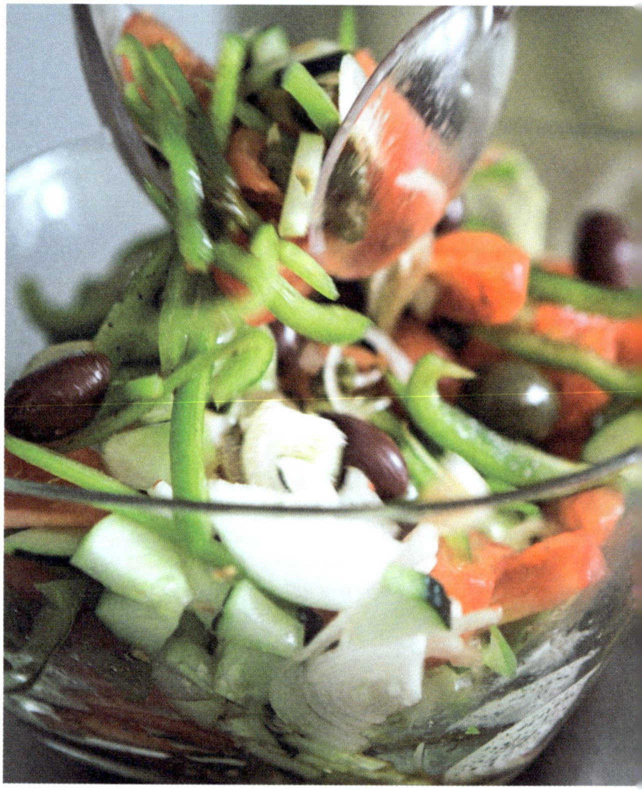

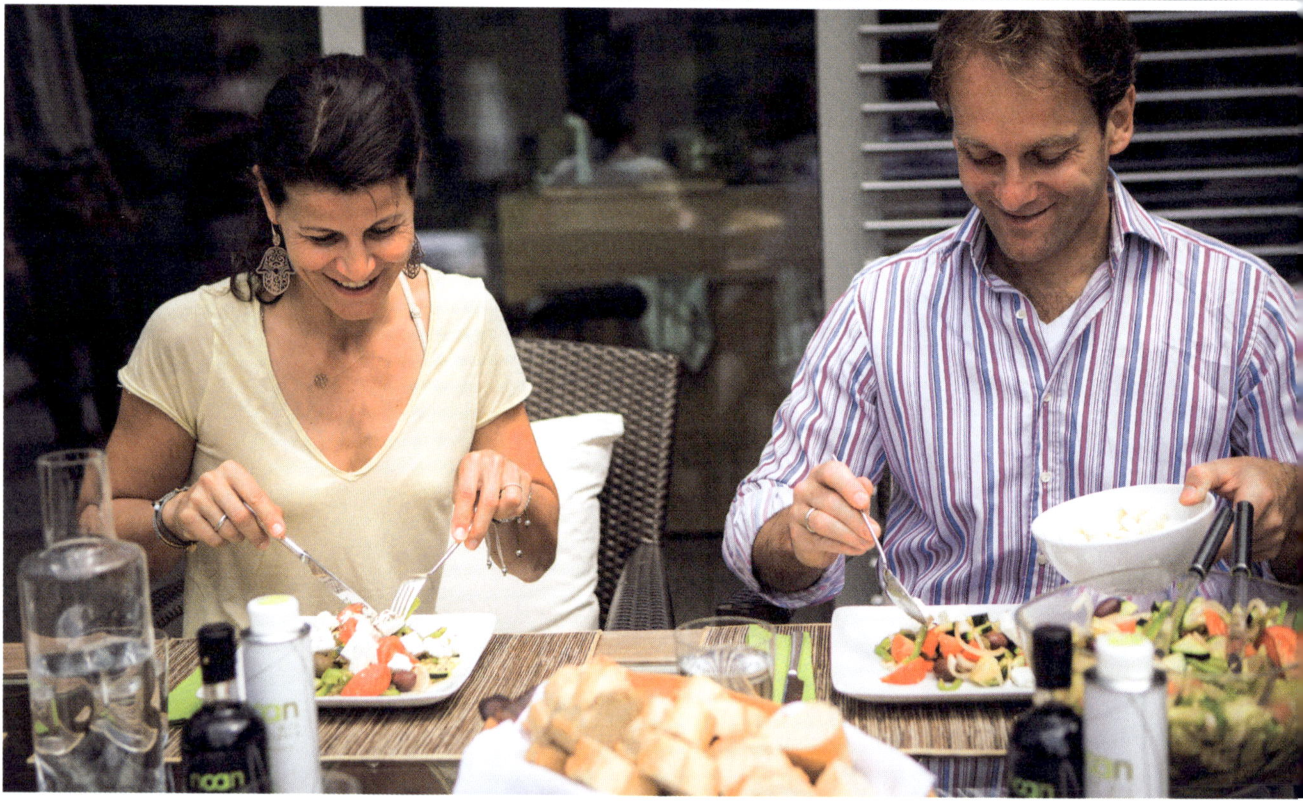

Schwegers Griechischer Salat

Dieses Rezept ist von *Noan*

Classic

FÜR 2–3 PERSONEN

2–3 reife Tomaten

1–2 grüne Paprika (rote oder gelbe sind natürlich auch erlaubt)

1 Salatgurke

1 Zwiebel

150 g Schafkäse

Oliven

Kapern

Salz, Pfeffer

NOAN Trauben-Balsamessig oder Saft einer Zitrone

Kräuter, z. B. Thymian oder Oregano

NOAN Olivenöl Classic

Die Tomaten mit heißem Wasser übergießen und schälen. Alle Zutaten nach Belieben klein beziehungsweise in mundgerechte Stücke schneiden. Anschließend alles in eine Schüssel geben und vermengen.

Oft wird der griechische Salat nur mit Olivenöl, Salz und Pfeffer angemacht. Wem das zu langweilig ist, der kann den Salat mit einer klassischen Vinaigrette aus Olivenöl, Essig, Senf sowie Salz und Pfeffer verfeinern. Man kann auch ein aromatisiertes Olivenöl verwenden.

Alles auf einem Teller anrichten und mit geriebenen, mediterranen Kräutern garnieren. Dazu etwas Stangen- oder rustikales Brot servieren, und fertig ist ein leckerer Salat, der nicht nur als Vorspeise, sondern auch als Beilage oder Hauptgericht geeignet ist.

TIPP: Besonders gut passt hier unser selbst gemachtes Zitronen-Thymian–Olivenöl (Rezept siehe Seite 120). Es verleiht dem Gericht einen frischen, mediterranen Kick.

Classic

FÜR 4 PERSONEN

Für die Guacamole

2 EL Sesamöl

3 Avocados

Saft von 2 Zitronen, Salz

40 ml NOAN Olivenöl Classic

Cayennepfeffer

1 Knoblauchzehe

Für den Salat

1 grüner Apfel

4 Salatherzen

3 Weingartenpfirsiche

8 Stück grüner Spargel

Zitronenverbene

Für das Holunderdressing

50 ml Holundersirup

30 ml NOAN Trauben-Balsamessig

160 ml Wasser

50 ml Sonnenblumenöl

100 ml NOAN Olivenöl Classic

Salz, Pfeffer

Gegrillter Römersalat

Dieses Rezept ist von *Martin Zeißl*

Guacamole:
Avocado halbieren, Kern entfernen. Die Frucht aus der Haut nehmen und im Standmixer mit den restlichen Zutaten zu einer Creme mixen.

Salat:
Den grünen Apfel vom Kerngehäuse befreien und am besten auf der Aufschnittmaschine in ca. 1 cm dicke Scheiben schneiden.

Die Salatherzen vierteln und auf der Grillplatte bzw. auf dem Griller grillen. Vom Spargel das untere Drittel abschneiden, anschließend wird er ebenso gegrillt. Wichtig beim Salat ist es, dass er nach beidseitigem Grillen in Eiswasser abgeschreckt wird, so behält er seine grüne Farbe. Die Weingartenpfirsiche waschen und entsteinen, vierteln und ebenso grillen, allerdings nicht zu lange, da sie sehr schnell weich werden.

Für das Holunderdressing Holundersaft, Wasser, Gewürze und Trauben-essig mit einem Stabmixer mixen und Öl langsam zugeben, sodass es sich gut verbinden kann. Den gegrillten Spargel, Salatherzen, den Apfel und den gegrillten Pfirsich marinieren. Anrichten und zum Abschluss noch mit Olivenöl, Meersalz und Zitronenverbene verfeinern.

Delikater Spargelsalat

Douro

FÜR 3–4 PERSONEN

1 Bund grüner Spargel

10 Cherrytomaten

1 Mozzarella

Salz, Pfeffer

Kräuter nach Belieben
(z. B. Thymian, Oregano, Basilikum)

NOAN Olivenöl Douro

NOAN Apfel-Balsamessig

Dieses Rezept ist von *Noan*

Den grünen Spargel gründlich waschen und die holzigen Enden groß-zügig entfernen.

In einem Topf Wasser zum Kochen bringen und etwas Salz hinzufügen. Den Spargel 10–15 Minuten kochen, bis er gar, aber noch bissfest ist. Aus dem Wasser nehmen und abkühlen lassen.

In der Zwischenzeit die Tomaten waschen und halbieren sowie die Mozzarella in Scheiben schneiden.

Zuerst ein paar Spargelstangen auf einen Teller legen, Mozzarella-scheiben und die halbierten Tomaten darüber verteilen. Mit Olivenöl und Essig beträufeln. Nach Belieben mit Salz, Pfeffer und gehackten Kräutern abschmecken.

Dieser Salat eignet sich hervorragend als Beilage zu Gegrilltem.

TIPP: Anstatt den Spargel zu kochen, kann man ihn auch wunderbar grillen. Durch die Grill- und Röstaromen wird das Gericht noch kräftiger im Geschmack.

Büffelmozzarella mit Tomatenrelish

Douro

FÜR 4 PERSONEN

4 Kugeln Büffelmozzarella

20 NOAN Oliven

1 kleine rote Zwiebel

1 Knoblauchzehe

5 g Ingwer

1 rote Chilischote,
Menge nach Belieben

50 ml NOAN Apfel-
Balsamessig

20 g brauner Zucker

300 g Cocktailtomaten

NOAN Olivenöl Douro

frische Basilikumblätter
zum Garnieren

Salz, grobes Meersalz

Pfeffer, frisch gemahlen

Zwiebel, Knoblauch und Ingwer schälen und fein würfeln. Chilischoten halbieren, entkernen und in feine Streifen schneiden. Die Hälfte der Cocktailtomaten halbieren. Zwiebel, Knoblauch, Ingwer und die gewünschte Menge Chili in Olivenöl anschwitzen. Zucker, NOAN Apfel-Balsamessig und Cocktailtomaten hinzufügen, Hitze reduzieren und das Relish ca. 5 Minuten köcheln lassen, bis es eindickt. Mit Salz und Pfeffer abschmecken und abkühlen lassen.

Büffelmozzarella mit den Fingern grob zerzupfen und mit Oliven und Tomatenrelish anrichten. Mit Olivenöl beträufeln.

Mit etwas grobem Meersalz und frisch gemahlenem Pfeffer würzen und mit Basilikum garniert servieren. Dazu passt frisches Baguette.

Ceviche von der Jakobsmuschel

FÜR 1 PORTION

2 Jakobsmuscheln (in dünne Scheiben geschnitten)

1 Stangensellerie

1 Gurke

2 Radieschen

¼ Wassermelone

1 reife Avocado

1 Zitrone

1 Toastbrot

NOAN Trauben-Balsamessig

Chili

Senf

ein paar Blätter frisches Basilikum

Erbsenkresse

eingelegter Sushi-Ingwer

Salz, Pfeffer

NOAN Olivenöl Classic

Die Jakobsmuscheln ganz dünn aufschneiden und mit grobem Meersalz salzen. Mit einer Marinade aus Olivenöl, Chili, ein bisschen Senf und weißem Balsamessig anrichten. NOAN Trauben-Balsamessig ist ein weißer Essig mit leicht goldener Färbung, da er nicht mit Gelatine gebleicht wurde und dementsprechend vegan ist. Die Blätter vom Stangensellerie sowie ein paar fein geschnittene Gurken-, Radieschen- und Avocadoscheiben ebenfalls mitmarinieren.

Jakobsmuscheln wie einen Ring auf dem Teller drapieren, ein paar Stückchen der Wassermelone darauf verteilen. Den marinierten Stangensellerie sowie die Gurken- und Radieschenscheiben ebenfalls hinzufügen. Am Schluss die Scheiben der reifen Avocado dekorativ verteilen. Für den perfekten Frischekick noch ein wenig eingelegten Sushi-Ingwer hinzugeben und ein bisschen Zitronenschale über das Gericht reiben. Anschließend eine feine Basilikum-Emulsion (bestehend aus Basilikum, gemixt mit ein bisschen Toastbrot und Olivenöl) zusätzlich als Marinade in den Zwischenräumen verteilen, mit Erbsenkresse garnieren.

TIPP: Zum Schluss noch einmal ein wenig Marinade und einen Schuss pures Olivenöl darüber träufeln und leicht pfeffern. Fertig!

Dieses Rezept ist von *Matthias Kamp*

Carpaccio à la Landtmann

Classic

FÜR 4–5 PERSONEN

30 g Rucola

20 g Grana Padano,
frisch gehobelt

Für das Carpaccio
500 g Rinderfilet

je 1 EL Rosmarin & Thymian,
frisch gehackt

1 TL Meersalz

Bourbon-Pfeffer
aus der Mühle

1 TL NOAN Olivenöl Classic

Für die Marinade
Zesten einer Bio-Zitrone

Zesten einer Bio-Limette

Salz, Bourbon-Pfeffer
aus der Mühle

brauner Rohrzucker

1 TL NOAN Olivenöl Classic

1 TL NOAN Trauben-
Balsamessig

Das Rinderfilet plattieren. Eine Seite mit Salz, Pfeffer, gehacktem Rosmarin und Thymian sowie NOAN Classic würzen und mit Frischhaltefolie fest zusammenrollen. Circa 5 Stunden lang im Gefrierfach durchziehen lassen. In der Zwischenzeit die Marinade zubereiten.

Das Rinderfilet aus dem Gefrierfach nehmen und mit der Aufschnittmaschine oder einem sehr scharfen Messer feine Scheiben abschneiden. Die Scheiben vorsichtig auf einem Teller kreisförmig anrichten und mit der Marinade beträufeln.

Das Carpaccio mit einem kleinen Salatbouquet und frisch gehobeltem Parmesan garnieren und mit zwei Scheiben Toastbrot servieren.

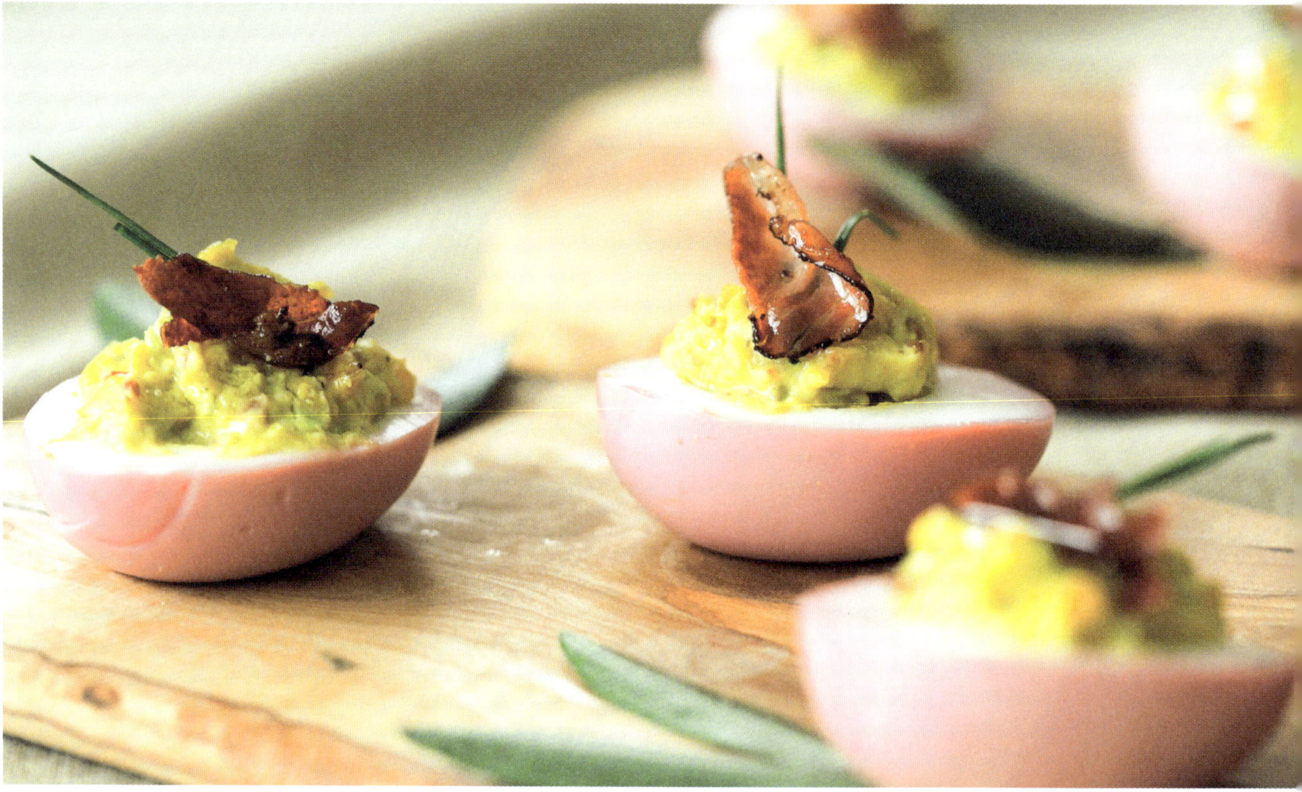

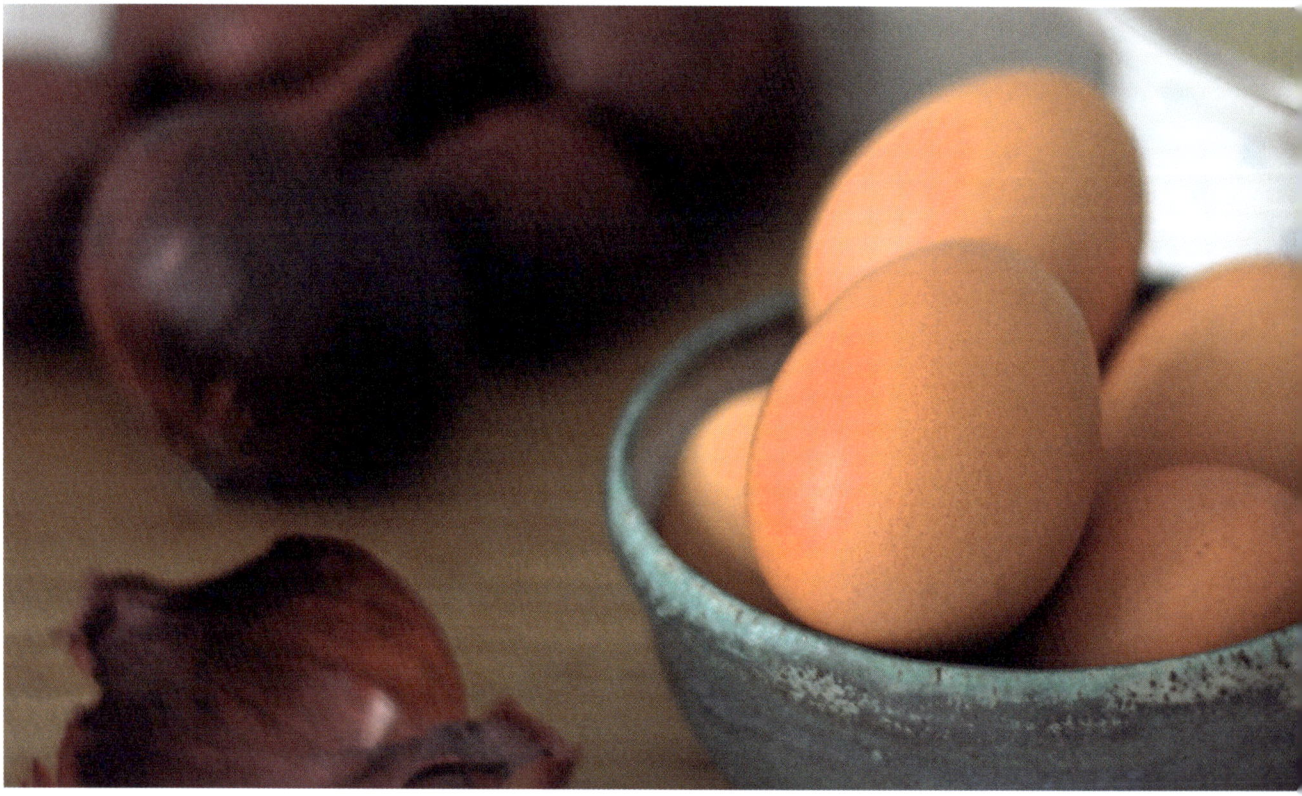

FÜR 3–4 PERSONEN

Für die bunten Eier

2 rote Rüben zum Einfärben

ein Schuss neutraler Essig

7 Eier, hart gekocht

Für die Füllung

Eigelb der gekochten Eier

1 Essiggurke,
fein geschnitten

1 TL Kapernbeeren,
fein geschnitten

4 Scheiben Speck (knusprig
gebraten und in kleine Stücke
zerbröckelt)

½ reife Avocado

1 EL Senf

1 EL Sauerrahm

1 EL NOAN Trauben-
Balsamessig

1 Schuss NOAN Olivenöl
Intenso

1 EL rote Paprika,
fein geschnitten

1 Schuss Limettensaft

Zum Garnieren

Schnittlauch

knusprige Speckscheibchen

Gefüllte Avocado-Eier

Die roten Rüben schälen, in Scheiben schneiden und mit etwas Wasser und Essig rund 20 Minuten lang kochen. Das eingefärbte rote Wasser etwas abkühlen lassen.

Eier hart kochen und vorsichtig schälen. Zusammen mit dem Rote-Rüben-Wasser für 15 Minuten in ein Plastiksackerl geben.

Die rosa gefärbten Eier der Länge nach halbieren. Die Eigelbe heraus-lösen und mit Avocado, Senf und Sauerrahm zu einer homogenen Masse zusammenmischen. Dann die restlichen Zutaten hinzufügen, gut verrühren und mit Salz und Pfeffer abschmecken.

Die Füllung gleichmäßig auf die Eierhälften verteilen und mit Schnitt-lauch und Speckscheibchen garnieren.

Dieses Rezept ist von *Noan*

FÜR 2 PERSONEN

320 g Kalbsrücken, zugeputzt

Rucola

NOAN Trauben-Balsamessig

80 g junger Parmesan

12 Cherrydatteltomaten

1 Limette

1 Chilischote

1 Tasse Venenkresse

Basilikum, Petersilie, Oregano

Salz, geschroteter schwarzer Pfeffer, Fleur de Sel

NOAN Olivenöl Intenso

1–2 EL Tomatensaft

40 g in Olivenöl eingelegte getrocknete Tomaten

1 Melanzani

1 Zwiebel

1–2 Knoblauchzehen, gehackt

Gegrilltes Kalbscarpaccio auf Melanzanicreme

Kalbsrücken in dünne Scheiben schneiden, unter einer Klarsichtfolie mit einem Schnitzelklopfer flach drücken. Vorsichtig von der Folie lösen und auf ein mit Olivenöl beträufeltes Blech legen. Fein gehackte Petersilie und geschroteten Pfeffer drüberstreuen. Mit etwas Olivenöl marinieren und mit Frischhaltefolie bedecken, kühl stellen.

Melanzanicreme:

Melanzani mehrmals mit einem Messer anstechen und auf einem Blech 45 Minuten bei 170 °C ins Backrohr geben. Zwiebel schälen und klein schneiden, in Olivenöl bei geringer Hitze mit Oregano und etwas Chili anschwitzen, bis sie glasig ist. Gehackten Knoblauch kurz mitdünsten. Das Fruchtfleisch aus den weichen Melanzani schälen (die Schale nicht verwenden). Das ausgelöste Fruchtfleisch mit den vorgegarten Zwiebeln in einen Mixbecher geben – mixen und mit Salz und Olivenöl abschmecken. Danach die Creme durch ein grobes Sieb streichen.

Creme von getrockneten Tomaten:

Tomatensaft, Olivenöl, etwas Knoblauch, Chili, ein Basilikumblatt sowie die getrockneten Tomaten klein schneiden, pürieren, durch ein grobes Sieb streichen. Bei Bedarf salzen. In einen Einwegspritzbeutel füllen.

Kalbscarpaccioscheiben salzen und in einer heißen Grillpfanne – alternativ kann man auch eine normale Bratpfanne verwenden – einseitig

für einige Sekunden rasch grillen oder anbraten. Sehr wichtig: Fleisch sollte nicht durchgegart sein!

Die Scheiben auf etwas verstrichener Tomatencreme mit Melanzanicreme, in Balsamessig und Olivenöl mariniertem Rucola, geschnittenen Cherrydatteltomaten und Basilikumblättern zu einem Türmchen aufbauen. Zum Abschluss einige Scheiben vom gehobelten jungen Parmesan auf das fertige Türmchen legen. Mit Venenkresse, Fleur de Sel und geriebener Limettenschale vollenden.

TIPP: Vor dem Servieren etwas Limette auf das Gericht reiben. Das verleiht aufgrund der ätherischen Öle Frische und Leichtigkeit. Alternativ können auch unbehandelte Zitronen verwendet werden.

Intenso

FÜR 4 PERSONEN

400 g Filet vom Almochsen

Salz, schwarzer Pfeffer

1 Msp. Piment d'Espelette
(baskisches Chilipulver)

1 EL Schalotten

1 EL Kapern, 2 EL Kerbel

2 EL Tomami

1 EL Englischer Senf

NOAN Olivenöl Intenso

3 Limetten

500 g grüne Tomaten

500 g grüne Paprika

400 g Gurken

1 EL grüne Tabascosauce

1 Knoblauchzehe

1 Avocado

150 g Prosorbet von Sosa

135 g Glukosesirup

abgeflämmte Silberzwiebeln

Sardellen

Brotchips

halbgetrocknete Tomaten

Kapuzinerkresse,
Basilikumkresse, Blutampfer

Rohfleisch vom Almochsen mit Gazpacho-Eis

Dieses Rezept ist von Juan Amador

Das Filet fein hacken. Die Schalotten fein schneiden und kurz blanchieren. Kapern fein hacken und 1 EL Kerbel fein schneiden. Mit Piment d'Espelette, Tomami, Senf, 4 EL Olivenöl und dem Abrieb einer Limette vermischen, mit Salz und Pfeffer abschmecken.

Für das Gazpacho-Eis Paprika, Gurken und Avocado aufschneiden und entkernen, mit Tomaten, Saft von zwei Limetten, Tabascosauce, Knoblauch, 100 ml Olivenöl, Prosorbet und Glukosesirup fein pürieren. Abschmecken, durch ein Sieb passieren und in der Eismaschine gefrieren.

Das Gericht mit Silberzwiebeln, Sardellen, Brotchips, halbgetrockneten Tomaten, Kapuzinerkresse, Basilikumkresse, Kerbel und Blutampfer garnieren.

Melanzani-Toast

FÜR 4–5 BROTE

500 g Melanzani

2 Knoblauchzehen,
zerdrückt und fein gewürfelt

50 ml NOAN Olivenöl Classic

1 Rosmarinzweig,
fein gehackt

2 Thymianzweige,
fein gehackt

Meersalz, schwarzer Pfeffer
aus der Mühle

frischer Zitronensaft

1 würziges Toskanabrot

8 Basilikumblätter,
in Streifen geschnitten

½ Prise Piment d'Espelette
(baskisches Chilipulver)

Für den Ricotta

400 ml Milch, 4 % Fett

200 ml Obers, 38 % Fett

150 ml frischer Zitronensaft

60 g Meersalz

Ricotta:

Die Milch mit dem Obers und Salz vorsichtig aufkochen lassen. Zitronensaft zugeben und wiederholt kurz aufwallen lassen. Abdecken und 45 Minuten stehen lassen.

Die gebrochene Milch-Obers-Mischung durch ein doppellagiges Passiertuch gießen und für eine Stunde abhängen oder so lange, bis der Ricotta eine streichkäseähnliche Konsistenz hat. Kalt stellen und zugedeckt innerhalb von drei Tagen aufbrauchen.

Melanzani-Toast:

Die Melanzani mit einer Gabel rundherum einstechen. Auf einen heißen Grill legen und ca. 10–15 Minuten pro Seite grillen, bis sie außen schwarz und knusprig, innen aber ganz weich sind. Nach dem Grillen kurz auskühlen lassen, die Melanzani halbieren und das Fleisch aus der Schale kratzen. Auf einem Schneidebrett grob durchhacken. In einer Pfanne die 50 ml Olivenöl erhitzen und langsam den Knoblauch darin anschwitzen. Melanzani zugeben und bei mittlerer Temperatur weiterrösten, bis sämtliche Flüssigkeit verdunstet ist (ca. 10 Minuten). Die Konsistenz der Masse sollte dick genug sein, um auf einem Brot zu halten. Den gehackten Rosmarin und Thymian zumischen und mit Meersalz und Pfeffer abschmecken. Masse auf Zimmertemperatur erkalten lassen, bevor mit dem Bestreichen der Brote begonnen wird.

Das Brot in ca. 2,5 cm dicke Scheiben schneiden und großzügig mit Olivenöl tränken. Die Brote in einer mittelheißen Pfanne langsam ausbraten – beim Einlegen richtig in die Pfanne drücken, damit sie gleichmäßig gebraten werden. Auf beiden Seiten goldbraun und knusprig braten. Auf einem Stück Küchenpapier abtropfen und abkühlen lassen.

Nachdem die Brote ein wenig ausgekühlt sind, jeweils 1–2 Esslöffel vom Ricotta darauf verstreichen.

Auf dem Ricotta großzügig die Melanzanimasse verteilen. Die Brote in 4–5 gleich große Teile schneiden. Das geschnittene Basilikum auf den Broten verteilen, mit Meersalz, Piment d'Espelette und NOAN Olivenöl würzen und genießen.

Intenso

FÜR ETWA 10 STÜCK

4 Tomaten

2–3 Knoblauchzehen,
gehackt

eine Handvoll
frisches Basilikum

3 EL NOAN Trauben-
Balsamessig

½ Baguette, in Scheiben

Parmesan, gerieben

3 EL NOAN Olivenöl Intenso

Dieses
Rezept ist
von
Avocado
Banane

Bruschetta

Tomaten entkernen und klein würfeln. Wen die Haut der Tomaten stört, der kann diese kurz mit kochendem Wasser überbrühen, dann lässt sich die Haut ganz leicht ablösen.

Mit Knoblauch, Basilikum, Öl und Essig vermischen. Mit Salz und Pfeffer abschmecken, auf den Baguettescheiben anrichten und mit Parmesan bestreuen.

FÜR 1 PERSON

2 kleine Branzino-Filets
(Wolfsbarsch)

Salz

Zitronensaft

Prosecco

Minze

Jungzwiebel

ein paar Cocktailtomaten

NOAN Olivenöl Classic

Tartare di Branzino

Branzino entgräten und klein hacken, die Tomaten über dem klein gehackten Branzino ausdrücken und nur den Saft verwenden. Minze und Jungzwiebel klein hacken und untermischen. Frische Zitrone darüber auspressen, einen kleinen Schuss Prosecco und etwas Olivenöl dazugeben.

Mit Minze, Tomaten und Olivenöl garnieren, auf einem schönen Teller anrichten, zurücklehnen und genießen.

Dieses
Rezept ist
von
*Vittorio
Turco*

Intenso

FÜR 1 PERSON

eine Handvoll Vogerlsalat

1–2 Kartoffeln

1–2 Scheiben Schwarzwälder Schinken

ein paar weiße Weintrauben

Walnüsse nach Belieben

Parmesan, grob gerieben

NOAN Trauben-Balsamessig

NOAN Olivenöl Intenso

Salz, Pfeffer

Braterdäpfel-Vogerlsalat

Dieses Rezept ist von *Noan*

Vogerlsalat waschen, Trauben und Walnüsse untermischen und mit Olivenöl, Essig sowie etwas Salz und Pfeffer marinieren. Erdäpfel waschen, würfeln und anschließend knusprig braten.

Schwarzwälder Schinken ebenfalls knusprig braten. Den Salat mit Braterdäpfeln und Schinken servieren und mit Parmesan bestreuen.

FÜR 4 PERSONEN

| 2 reife Avocados |
| 100 g Räucherlachs |
| 4 Eier |
| Salz |
| Pfeffer |
| Chili-Flocken |
| Dille |
| NOAN Olivenöl Douro |

Gebackene Avocados

Die Avocados halbieren und den Stein entfernen. Die Hälften mit etwas Olivenöl ausstreichen und mit Salz, Pfeffer und Chili-Flocken würzen. Die Eier vorsichtig aufschlagen (ohne das Eigelb zu beschädigen) und in eine Schüssel geben. Die Mulden in den Avocados mit etwas Lachs auslegen und mit einem Löffel mit dem rohen Ei befüllen, in jede Hälfte kommt ein Eigelb. Bei 180 °C etwa 10 Minuten backen, mit Dille bestreuen und noch warm servieren.

TIPP: Falls der Avocadokern sehr klein ist, können Sie die Hälften mit einem Löffel noch ein wenig aushöhlen, damit die Lachs-Ei-Füllung genug Platz hat.

Douro

FÜR 1 PERSON

Jungspinat

Rucola

2 Feigen

eine Handvoll Datteln

Pinienkerne

NOAN Trauben-Balsamessig

NOAN Olivenöl Douro

Dieses Rezept ist von
Noan

Feigen-Spinat-Salat

Als erstes die Datteln zerkleinern und die Feigen vierteln. Den Jungspinat und den Rucola waschen und in eine große Schüssel geben. Die Pinienkerne leicht anrösten und alle Zutaten vermischen.

Mit einem Dressing aus Trauben-Balsamessig und Olivenöl sowie etwas Salz und Pfeffer marinieren.

Intenso

FÜR 3–4 PERSONEN

1 Zucchini

2 Packungen Schafkäse

Basilikum

Kräutersalz

NOAN Olivenöl Intenso

für die Fleischvariante:
Speckstreifen

Zucchini-Schafkäse-Sushi

Den Ofen auf 200 °C vorheizen. Schafkäse der Länge nach halbieren und nochmals quer in fünf gleich große Teile schneiden. Zucchini längs in dünne Scheiben schneiden, am besten auf einer Brotschneide-maschine. Jedes Käsestück mit einem Basilikumblatt belegen und vorsichtig in eine Zucchinischeibe wickeln. Wenn der gesamte Käse eingewickelt ist, eine Auflaufform mit Olivenöl einpinseln, die Zucchini-Schafkäse-Röllchen mit etwas Abstand zueinander darin platzieren und mit Kräutersalz würzen. Je nach gewünschtem Bräunungsgrad im Ofen ca. 30 bis 60 Minuten backen.

TIPP: Für Fleischtiger das Ganze einfach noch mit einem Streifen Speck umwickeln.

Douro

FÜR 1 PERSON

eine Scheibe Brot

Räucherlachs

Cottage Cheese

Gemüse nach Belieben
(z. B. Karotten, Radieschen
oder grüner Salat)

NOAN Olivenöl Douro

Essig

Salz

Zucker

Lachstarte mit Gemüsevariation

Das Brot mit Olivenöl anbraten. Den Lachs mit Salz und Zucker beizen, mit Olivenöl abrunden und ein paar Stunden durchziehen lassen. Anschließend den Cottage Cheese mit Olivenöl marinieren und als Unterlage auf dem Brot verteilen.

Das Gemüse ebenfalls mit Olivenöl, Essig und ein wenig Salz marinieren und abschmecken. Gemeinsam mit dem Lachs fein auf dem Brot garnieren.

FÜR 2–3 PERSONEN

4 bis 6 Bio-Eier
(ca. 2 Eier pro Person)

100 g Bauchspeck

½ rote Paprika

1 Handvoll Jungspinat

NOAN Olivenöl Classic

Kresse

Salz, Pfeffer

Dieses Rezept ist von *Gerald Aichholzer*

Low-Carb-Omelett

Zuerst eine Pfanne mit etwas Olivenöl bepinseln und anschließend großzügig mit Bauchspeck auslegen, sodass der gesamte Pfannenboden bedeckt ist. In der Zwischenzeit die Paprika fein würfeln, den Jungspinat mit kaltem Wasser abspülen und abtropfen lassen. Dann in einer Schüssel die Eier verquirlen und mit etwas Salz und Pfeffer würzen. Die Eiermasse vorsichtig in die Pfanne geben, die gewürfelte Paprika und den Jungspinat darauf verteilen. Herd einschalten und bei geringer bis mittlerer Hitze garen, bis es stockt. Zuletzt das Low-Carb-Omelett mit einem Pfannenwender vorsichtig zusammenklappen und mit etwas Glück unfallfrei auf einem Teller platzieren. Mit etwas Kresse garnieren.

TIPP: Am Schluss für einige Minuten die Temperatur erhöhen, sodass der Speck kross und goldbraun wird.

Hauptspeisen

Lammburger mit Macadamia-Guacamole

Douro

FÜR 4 PERSONEN

4 Burgerbrötchen

4 Scheiben Ziegenkäse

NOAN Olivenöl Douro

500 g Lammfaschiertes

3 Knoblauchzehen, fein gehackt

Salz, Pfeffer

2–3 EL Butter

1 EL brauner Zucker

1–2 Avocados

1 Tomate

3 ½ rote Zwiebeln

30 g gehackte NOAN Macadamias

1 Zitrone oder Limette

Dieses Rezept ist von *noan*

Für die Burger das Faschierte mit 2 fein gehackten Knoblauchzehen und etwas Pfeffer vermengen, in vier gleich große Laibchen formen, etwa 2 cm dick. Sanft mit dem Fleisch umgehen und nicht zu fest in Form pressen! Die Laibchen mit Frischhaltefolie abdecken und eine halbe Stunde in den Kühlschrank stellen.

TIPP: Eine Mulde in die Laibchen drücken, so geht beim Braten nicht so viel Saft verloren, und das Fleisch wölbt sich weniger.

In einer Pfanne, am besten einer Gusseisenpfanne, etwas Olivenöl erhitzen. Die Laibchen erst kurz vor dem Braten salzen. Wenn das Öl heiß ist, von jeder Seite 2–3 Minuten anbraten, dabei nur einmal wenden. Nach dem Wenden eine Scheibe Ziegenkäse pro Laibchen auflegen. Für die Guacamole 1–2 reife Avocados mit einer Gabel in einer Schüssel zerdrücken. Tomate, ½ Zwiebel, Knoblauchzehe und Macadamias hacken und gut mit der Avocado vermischen. Mit Salz, Pfeffer und etwas Zitronen- oder Limettensaft abschmecken. Für die karamellisierten Zwiebeln zuerst etwas Olivenöl in eine Pfanne erhitzen und darin die Butter schmelzen lassen. 2–3 Zwiebeln zu Ringen schneiden und zur geschmolzenen Butter geben, salzen und pfeffern. Wenn die Ringe weich werden, den Zucker beifügen und das Ganze etwa 20 Minuten bei mittlerer Hitze braten lassen. Oft genug umrühren, damit der Zucker nicht anbrennt.

TIPP: Vor dem Zusammenbauen die Brötchen kurz im Toaster oder der Pfanne anrösten.

Classic

FÜR 4 PERSONEN

500 g Spaghetti

250 g Thunfisch,
im eigenen Saft oder in Öl

1 große Zwiebel, fein gehackt

2 große Tomaten,
fein gehackt

½ Tasse Kapern

1 TL Oregano

Salz, Pfeffer

NOAN Olivenöl Classic

Thunfisch-Spaghetti

Die Spaghetti in gesalzenem Wasser al dente kochen, abgießen und dabei etwas von dem Nudelwasser für die Sauce behalten. In einer Pfanne wenig Olivenöl erhitzen und die Zwiebeln andünsten, bis sie weich und glasig sind.

Im Anschluss den Thunfisch sowie die Kapern und Tomaten hinzufügen und alles etwa 20 Minuten bei geringer Hitze köcheln lassen, bei Bedarf Nudelwasser zum Binden hinzugeben. Mit Salz und Pfeffer abschmecken.

Die Spaghetti zur Sauce in die Pfanne geben und unterheben. Auf dem Teller mit Oregano bestreuen und mit Olivenöl verfeinern.

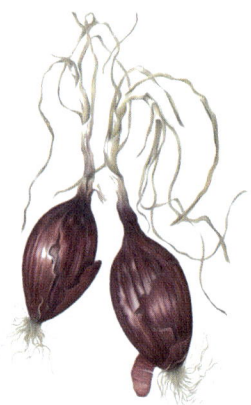

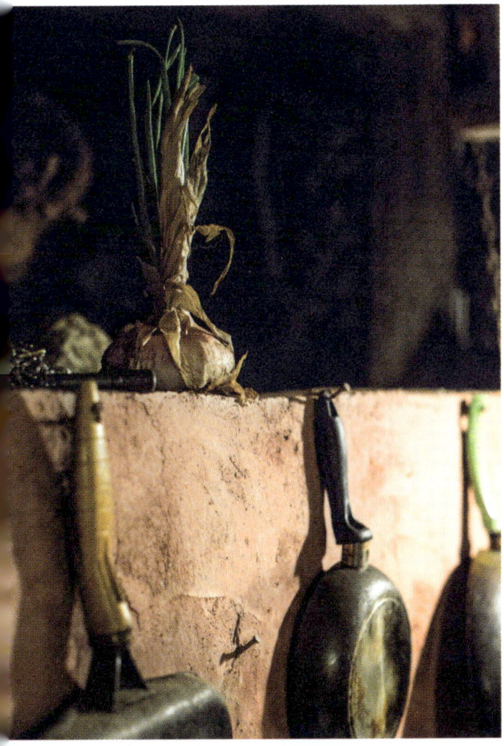

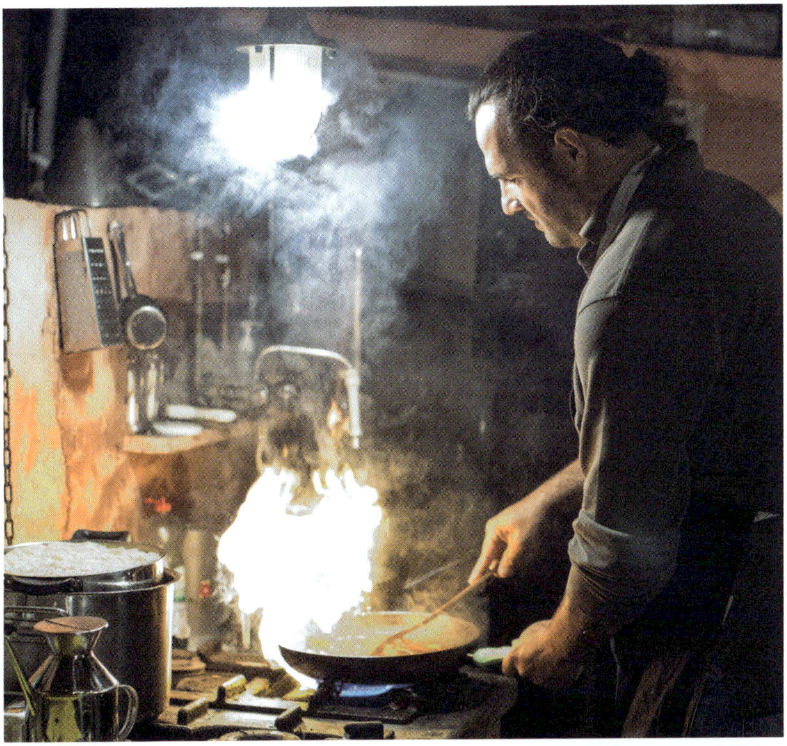

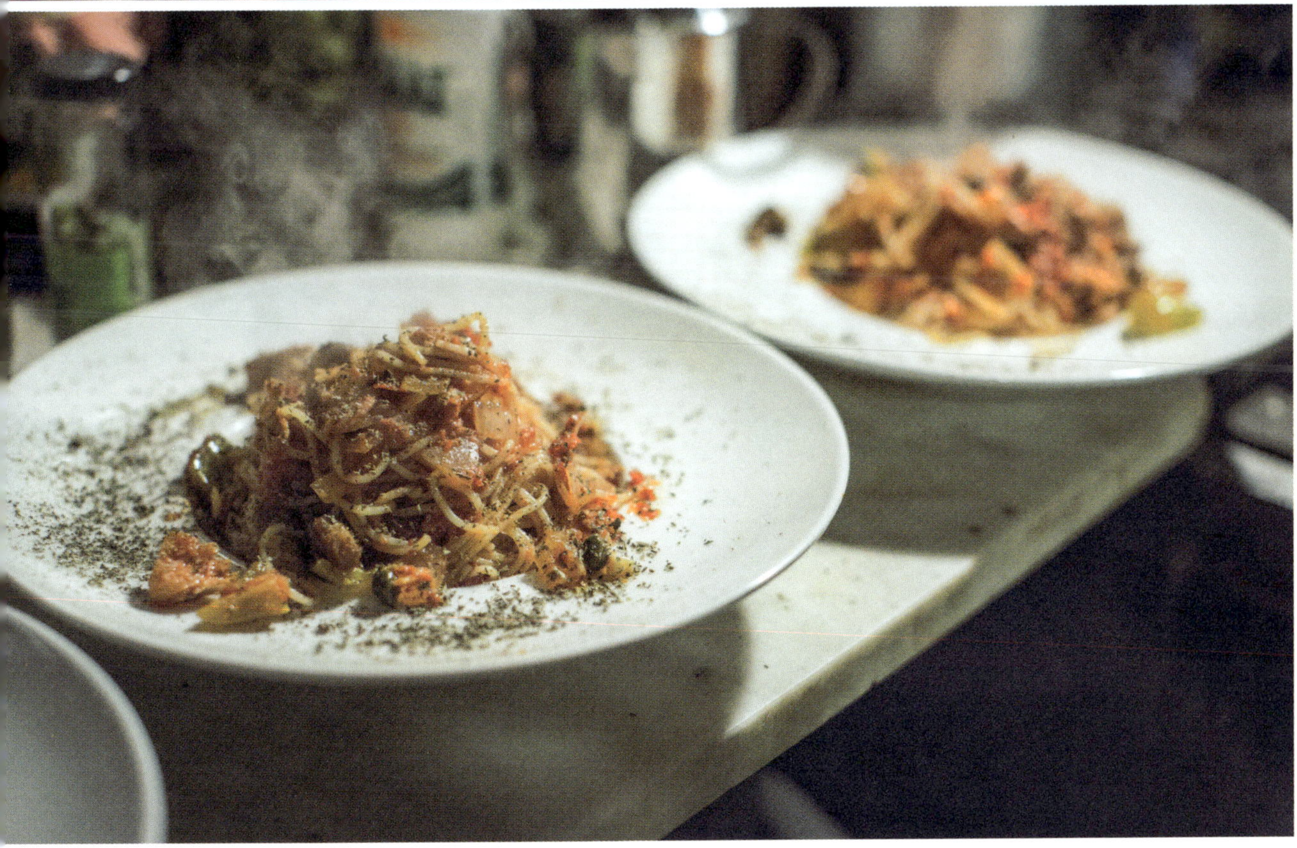

FÜR 4 PERSONEN

12 kleine Rotbarbenfilets
(3 Stück pro Person)

600 g grüner Spargel

1 kg geschälter
weißer Spargel

4 Tomaten, geschält,
entkernt und in kleine Würfel
geschnitten

12 Blätter fein
geschnittenes Basilikum

Petersilie, fein gehackt

20 g sehr fein geschnittene
Schalotten

1 Knoblauchzehe

Salz

NOAN Olivenöl Intenso

Zitrone

Rotbarbe mit Spargel und Sauce Cap Ferrat

Die zwei Spargelsorten in stark gesalzenem Wasser al dente kochen und anschließend in Eiswasser abschrecken. Den Spargel auf die gleiche Länge zuschneiden und der Länge nach halbieren.

Für die Sauce die Schalotten mit einem Hauch Knoblauch in Olivenöl glasig anschwitzen und danach leicht abkühlen lassen. Die Tomatenwürfel hinzufügen, das Ganze leicht salzen und 10 cl Olivenöl unterrühren. Die Temperatur der Sauce langsam auf ca. 50 °C erhöhen und anschließend vom Herd nehmen. Kurz vor dem Anrichten die Kräuter und ein paar Tropfen Zitronensaft unter die Sauce mengen.

Den Spargel kurz anbraten. Die Rotbarbenfilets auf der Hautseite 1 Minute anbraten, umdrehen und vom Herd nehmen.

Zum Anrichten den weißen Spargel mittig auf dem Teller platzieren und den grünen Spargel schräg darüber. Die Tomatensauce auf den Spargel geben und als Sockel für die Rotbarbenfilets verwenden.
Bon appétit!

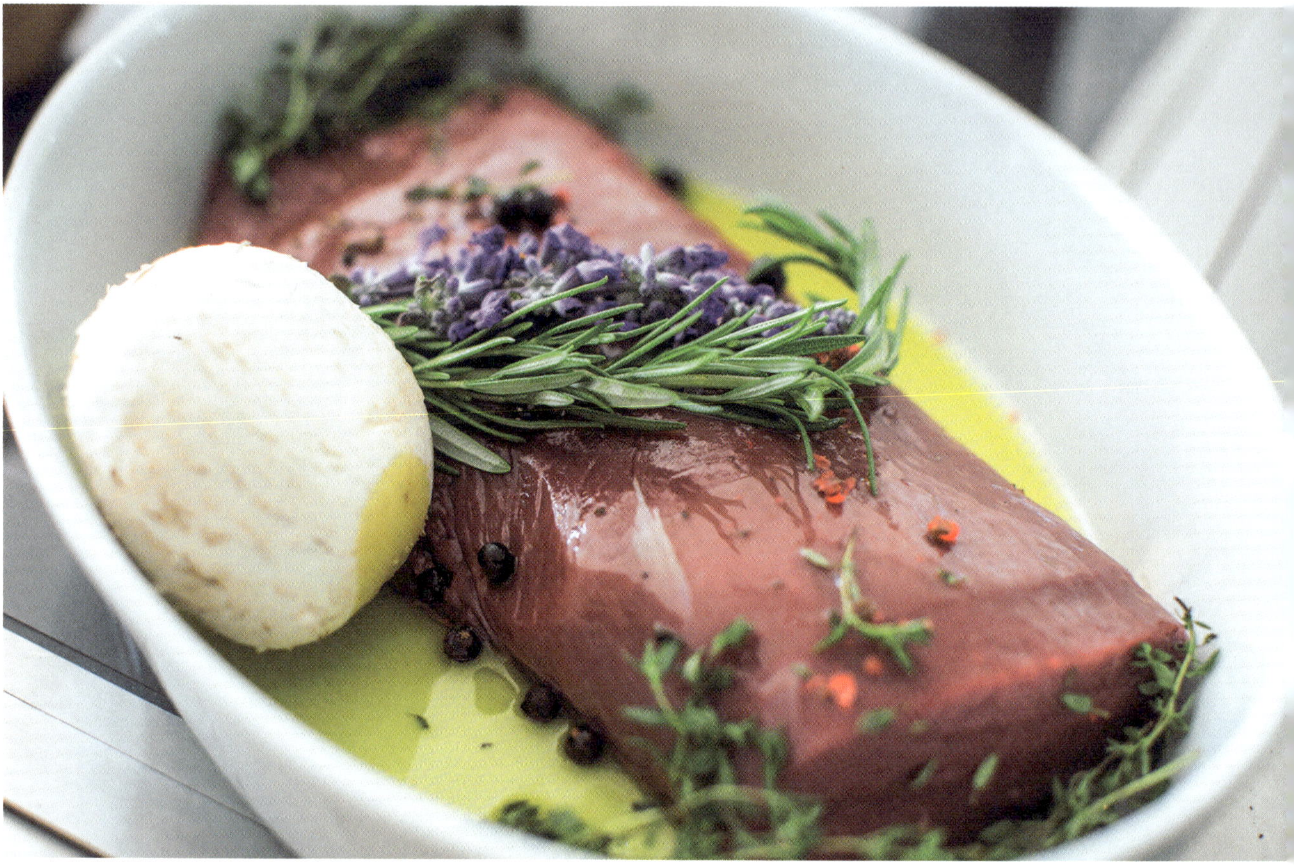

noan
OLIVE OIL
XTRA VIRGIN
BIO • ORGANIC
INTENSO
noan
VINEGAR
APPLE BALSAMIC
EIGHT YEARS
BIO • ORGANIC

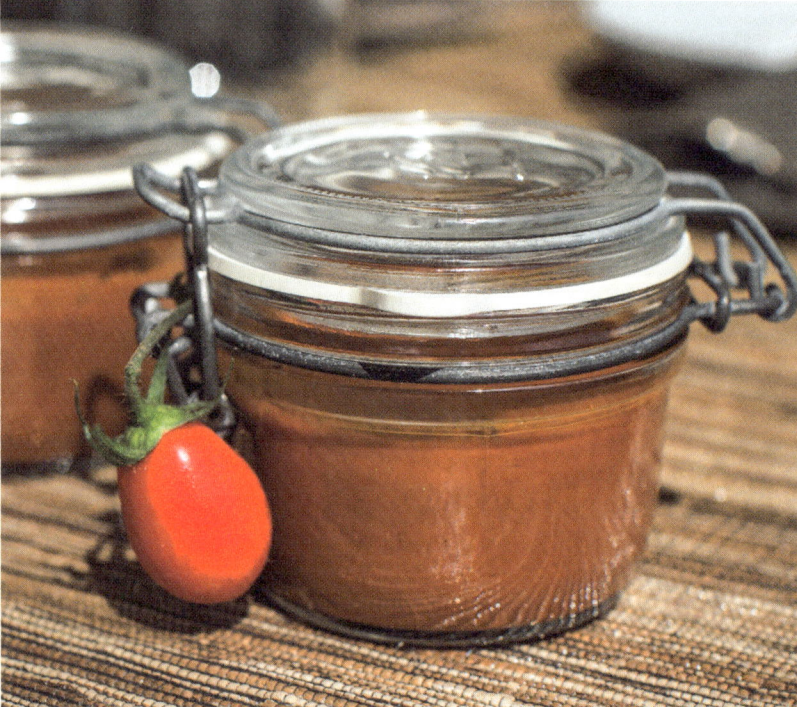

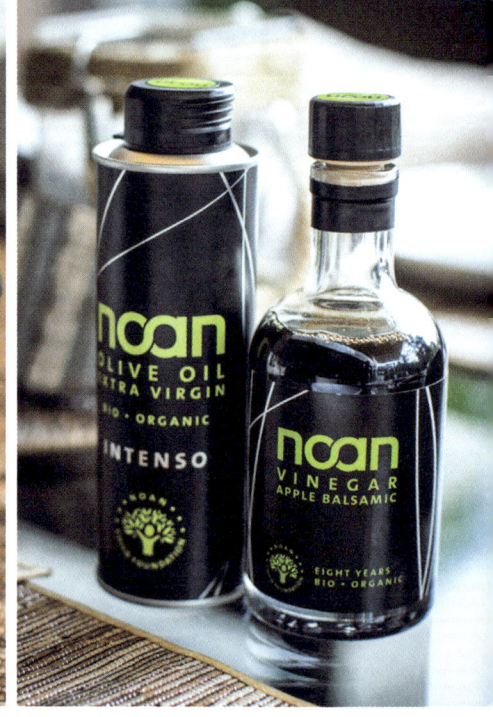

Intenso

🫒 🫒 🫒

FÜR 3–4 PERSONEN

1 T-Bone-Steak,
ca. 700 g, 2,5 cm Dicke

Salz

grober Pfeffer

NOAN Olivenöl Intenso

Rosmarin

Thymian

Knoblauch

Gegrilltes T-Bone-Steak

Dieses Rezept ist von *Martin Zeißl*

Das Fleisch etwa zwei Stunden vor dem Grillen aus der Kühlung nehmen. Das Steak nur mit Salz und grobem Pfeffer würzen und mit Olivenöl einpinseln. Das T-Bone auf dem Grill direkt auf die Hitze legen und beidseitig etwa vier Minuten grillen, je nach gewünschter Garart etwas länger. Darauf achten, dass die Kohlen nur mehr glühen (ohne Flammen).

TIPP: Um das Fleisch noch zu aromatisieren, Rosmarin, Thymian und Knoblauch auf das Steak legen. Dazu passt herrlich die BBQ-Sauce von Seite 118.

FÜR 4 PERSONEN

4 Kabeljaufilets à ca. 160 g

Achten Sie auf das Siegel von MSC
(Marine Stewardship Council)

Meersalz, Zitronensaft

Piment d'Espelette

100 g kleine Karfiolröschen

100 ml NOAN Olivenöl Douro

frische Kräuter nach Belieben

Kapern-Sherry-Vinaigrette:

130 ml Sherry

50 g Korinthen

20 ml gereifter Sherry-
Balsamessig

100 ml NOAN Olivenöl Douro

50 g Kapern

Meersalz, schwarzer Pfeffer

Zitronensaft

30 g Rauchmandeln,
leicht gehackt

10 Cherrytomaten, im Ofen
halb getrocknet

2 Frühlingszwiebeln,
nur das Grüne in Ringe
geschnitten

siehe nächste Seite

Kabeljau mit Kapern-Sherry-Vinaigrette

Dieses Rezept ist von *Stefan Resch*

Kabeljau:

Die Kabeljaufilets mit Zitrone, Salz und Piment d'Espelette würzen. In eine tiefe, hitzebeständige Ofenform geben. Die Fischfilets auf beiden Seiten mit dem Olivenöl bestreichen. Mit Folie oder Deckel abdecken und im Backofen bei 50 °C ca. 1 Std. backen.

Kleine Karfiolröschen roh in eine Pfanne geben und bei mittlerer Hitze mit etwas Olivenöl, Salz und Pfeffer anbraten. Sie sollten noch etwas Biss haben. Je 2–3 EL von dem Karfiolpüree in einen tiefen Teller geben und ein Stück Kabeljau darauf setzen, 2 EL von der Kapern-Sherry-Vinaigrette über den Fisch gießen und rundherum verteilen. Die Karfiolröschen auf die vier Teller aufteilen. Frische Kräuter nach Belieben mit etwas Essig und Öl marinieren und das Gericht damit garnieren.

Kapern-Sherry-Vinaigrette:

100 ml Sherry mit den Korinthen einkochen, bis keine Flüssigkeit übrig bleibt. Restlichen Sherry und Sherry-Balsamessig einmal aufkochen lassen. Olivenöl heiß einmontieren, Korinthen und Kapern zugeben. Mit Salz, Pfeffer und Zitronensaft abschmecken. Kurz vor dem Servieren die Cherrytomaten, Rauchmandeln und Frühlingszwiebeln untermischen.

**Püree aus
geröstetem Karfiol:**

1 Karfiol

Gemüsefond

90 g Butter

Salz

10 ml Haselnussöl

Karfiolpüree:

Karfiol zuputzen, dabei kleine Rosen schneiden. Stiele entfernen. In einem Topf auf mittlerer Hitze 30 g Butter erwärmen und den Karfiol zugeben. Langsam rösten, bis dieser weich ist und eine goldbraune Farbe hat, dabei regelmäßig umrühren. Wenn der Karfiol richtig weich ist, in einen Mixer geben und mixen, bis das Püree ganz glatt ist. 60 g Butter schmelzen und erhitzen, bis sie braun ist (das nennt man dann Nussbutter). In einem langsamen, aber konstanten Strahl die Nussbutter sowie das Haselnussöl während des Mixvorgangs in das Püree einmontieren. Mit Salz und wenig Muskat abschmecken.

Douro

FÜR 3–4 PERSONEN

5 Chilischoten

NOAN Olivenöl Douro

Tomatensauce

Rucola

Prosciutto, Salami oder Schinken

Mozzarella

frische Tomaten

500 g Mehl

250 ml Wasser

½ Päckchen Trockenhefe

1 Prise Salz

Dieses Rezept ist von *noan*

Herz-Pizza

Chili klein schneiden und in Olivenöl einlegen. Mehl, Wasser, Hefe, Salz und etwas Olivenöl zu einem Teig vermengen und ca. 10 Minuten kneten. 1½–2 Stunden mit feuchtem Tuch abdecken und gehen lassen.

Teig ausrollen und in Herzform ausschneiden, beliebig belegen. Mit Tomatensauce starten, dann Mozzarella und die restlichen gewünschten Zutaten. 15–20 Minuten im vorgeheizten Ofen bei 200 °C backen. Mit dem Chiliöl verfeinern und heiß genießen!

Classic

FÜR 4 PERSONEN

600 g grätenfreies Zanderfilet

3 Rhabarber

60 g Kandiszucker

frischer Estragon

Salz

40 g Pommerysenf

4 große Artischocken, sauber geputzt, (man kann auch gute eingelegte verwenden)

Pernod

Fenchelsamen

Piment, Lorbeer

Knoblauch

4 Schalotten

1 l fertiger Gemüsefond

Thymian, Rosmarin

NOAN Olivenöl Classic

Zander mit Rhabarber

Dieses Rezept ist von *Thomas Brecher*

Geschälten Rhabarber in kleine Stücke schneiden und mit Zucker, Senf und Salz scharf anbraten und weich dünsten. Dann fein geschnittenen Estragon dazu und zu Chutney einkochen. Artischocken klein schneiden und mit Schalotten und Lorbeer in Olivenöl anbraten, restliche Gewürze zufügen, mit Pernod und Gemüsefond aufgießen. Thymian und Rosmarin dazu, kurz dünsten. Den Zander in Olivenöl auf der Hautseite knusprig braten, auf den Artischocken anrichten. Ein wenig Rhabarber auf den Fisch geben und großzügig mit Olivenöl beträufeln.

TIPP: Um das Gericht zu parfümieren, einfach Koriander aus der Mühle darüber reiben.

Intenso

FÜR 4 PERSONEN

1 kg weißer Spargel, geschält

4 mittelgroße, entgrätete Bachforellenfilets, gehäutet und klein geschnitten

Muskat, gemahlen

Maldonsalz

Pfeffer, frisch gemahlen

Kräuter nach Wunsch

etwas Zitronensaft, 1 Ei

100 g Brioche, klein geschnitten

NOAN Olivenöl Intenso

dazu Olivenöl-Eis, Rezept siehe Seite 109

Bachforellennockerl auf Spargel

Spargel in dekorative Stücke schneiden und scharf anbraten, würzen und so lange dünsten, bis er bissfest-knackig ist.

Für die Forellennockerl alle restlichen Zutaten mischen und 1 Stunde ziehen lassen. Nockerl formen und in der Pfanne im Olivenöl goldgelb backen. Die Nockerl auf dem Spargel anrichten und mit Olivenöl-Eis servieren (Rezept siehe Seite 109).

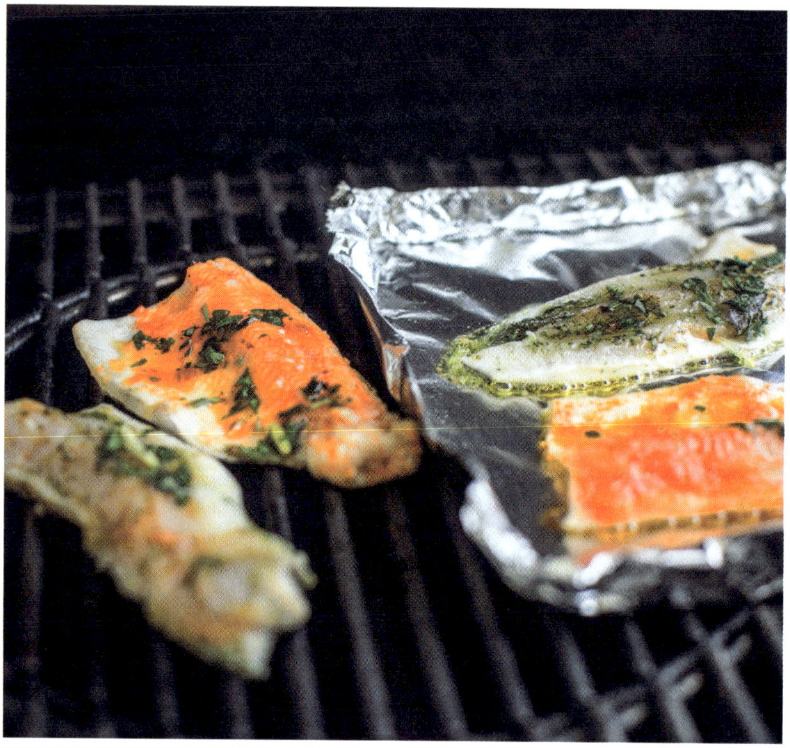
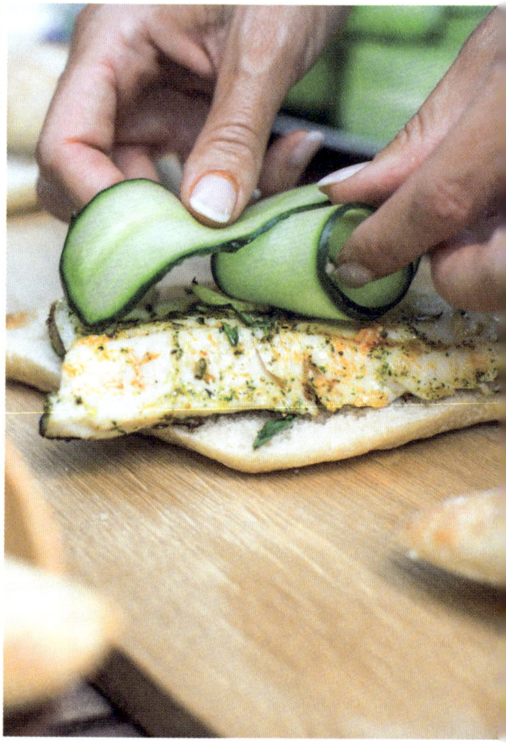
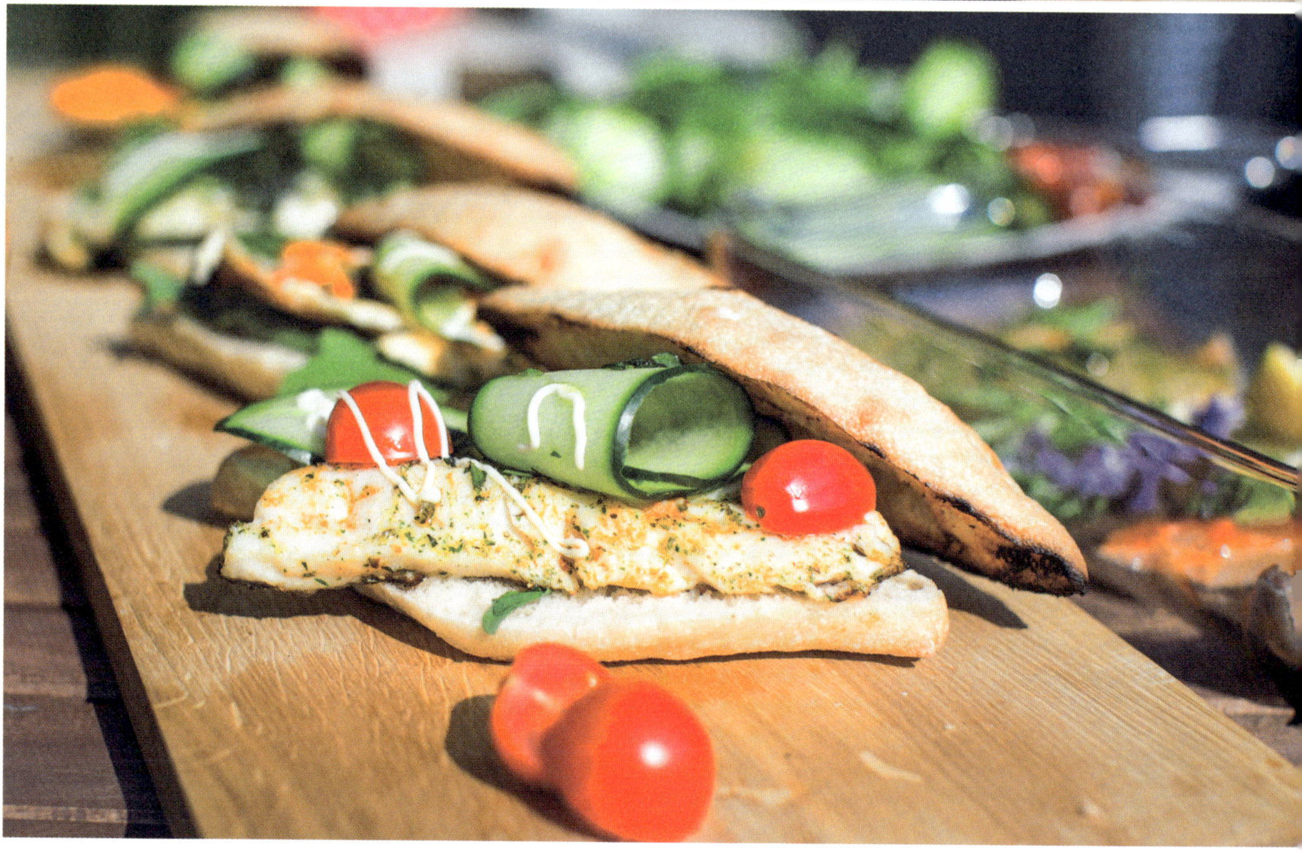

Classic

FÜR 4 PERSONEN

4 Bachsaibling- und
Bachforellenfilets

4 Ciabatta-Brötchen

1 Gurke

4 Kirschtomaten

1–2 Handvoll Rucola

Chimichurri
(nach Alexandra Palla,
Rezept siehe Seite 119)

NOAN Olivenöl Classic

Fischburger

Die Ciabatta-Brötchen aufschneiden und auf dem Grill (oder in der Pfanne) rösten und zur Seite legen. Die Brothälften vor dem Grillen mit etwas Olivenöl und Knoblauch für einen besonders intensiven Geschmack einreiben.

Zur gleichen Zeit den Fisch mit etwas Olivenöl bestreichen und grillen oder in einer Pfanne anbraten.

Die Kirschtomaten halbieren und die Gurke der Länge nach in feine Scheiben schneiden. Die Gurkenscheiben locker aufrollen.

Und so wird der Fischburger zusammengebaut:
1) Die Unterseite der Ciabatta mit etwas Rucola belegen.
2) Fischfilet auf das Rucola-Bett legen.
3) Nach Belieben etwas Chimichurri (Rezept siehe Seite 119) oder eine andere Sauce nach Wahl auf das Fischfilet geben.
4) Zwei Gurkenröllchen und zwei Tomatenhälften auf dem Fischfilet drapieren
5) Deckel drauf, reinbeißen und genießen!

TIPP: Am besten immer zuerst die Seite mit der Haut kross anbraten, damit sich der Fisch nicht wellt. Wer möchte, kann die Hautseite vor dem Garen mit einem scharfen Messer einschneiden.

Hirschrücken mit Zucchini und Spargel

FÜR 4–6 PERSONEN

ein Hirschrücken

frische Kräuter
(z. B. Rosmarin oder Thymian)

Salz, Pfeffer

grüner Spargel

gelbe und grüne Zucchini

NOAN Olivenöl Classic

Zuerst den Hirschrücken mit etwas Olivenöl und den frischen Kräutern marinieren und beiseite stellen. Dann das Gemüse gründlich waschen. Die holzigen Enden vom Spargel abschneiden (oder besser abbrechen) sowie die Zucchini in circa 1 cm breite Scheiben schneiden.

Jetzt darf alles auf den heißen Grill. Den Hirschrücken sowie das Gemüse nach circa 10 Minuten wenden, damit es von allen Seiten schön knusprig und goldbraun wird. Die Zubereitungszeit des Hirschrückens variiert je nach gewünschtem Garpunkt.

Zuletzt den Hirschrücken aufschneiden und mit den gegrillten Kräutern garnieren. Das Gemüse separat servieren.

TIPP: Damit das Gemüse beim Grillen nicht zu trocken wird, am besten mit etwas Olivenöl bepinseln.

The Brain

Classic

FÜR 2–3 PERSONEN

1 Karfiol

150 g Frühstücksspeck

400 g Faschiertes
(gemischtes oder Rind,
je nach Geschmack)

200 g geriebener Käse

Barbecue-Gewürz

NOAN Olivenöl Classic

Salz, Pfeffer

In einem ausreichend großen Topf Wasser zum Kochen bringen. Wenn das Wasser im Topf sprudelt, etwas Salz hinzugeben und den Karfiol etwa 15 Minuten lang bei mittlerer Hitze vorkochen. Nicht zu lange, der Karfiol sollte noch bissfest sein.

In der Zwischenzeit das Faschierte mit dem geriebenen Käse gut vermengen und mit Salz, Pfeffer und etwas Barbecue-Gewürz abschmecken.

Den Karfiol auf ein Backblech legen und mit der Fleisch-Käse-Mischung komplett ummanteln. Zuletzt die Speckstreifen (am besten überlappend) über den gesamten Karfiol verteilen, sodass man nichts mehr vom Faschierten sieht. 30 bis 40 Minuten im vorgeheizten Ofen bei 180 °C backen, bis der Speck knusprig und goldgelb ist.

TIPP: Mit dem Salz sparsam umgehen, denn der Speck sorgt ebenfalls für Würze. The Brain ist ein Super-Low-Carb-Rezept, am besten servieren Sie grünen Salat dazu.

Pesto-Pasta

Classic

FÜR 2 PERSONEN

300 g Weizenmehl

3 Eier

40 g Basilikum (etwa eine Handvoll), klein gehackt

1 Knoblauchzehe

Flor de Sal

4 EL NOAN Olivenöl Classic

4 EL Pinienkerne, leicht angeröstet

1 EL Parmesan

Tagliatelle:

Weizenmehl und Eier so lange kneten, bis ein glatter Teig entsteht, dann 1 Stunde ruhen lassen. In 5 gleichmäßige längliche Stücke zerteilen, mit einer Nudelwalze auf 1–2 mm ausrollen und durch eine Nudelmaschine ziehen. In Salzwasser bissfest kochen.

Pesto:

Pinienkerne in einer Pfanne ohne Öl kurz anrösten. Zutaten klein hacken und die Hälfte der Pinienkerne, Basilikum, Flor de Sal und Knoblauch in einem Mörser weiter zerstoßen, langsam etwas Olivenöl untermengen. Zum Schluss den Parmesan dazugeben und mischen.

TIPP: Um das Pesto haltbarer zu machen, dieses in ein luftdicht verschließbares Glas abfüllen und mit Olivenöl vollständig bedecken.

Dieses Rezept ist von *Noan*

Rehbolognese

Intenso

🫒 🫒 🫒

FÜR 4 PERSONEN

1 kg Rehkeule am Knochen

200 g Speck

2 EL Tomatenmark

1 EL Wacholderbeeren

5 weiße Zwiebeln, Butter

1 Bouquet Garni

100 ml Blutorangenpüree

½ Flasche Rotwein

je 100 ml Portwein weiß,
Portwein rot und Madeira

500 ml Kalbsjus

1 Gewürzsack (Wacholder,
Piment, Pfeffer, Anis, Nelke)

50 g Weichseln
Kirschmarmelade

100 g Pelati (Dosentomaten)

400 g Nudeln oder Spätzle
nach Wahl

100 g Kräutersalat

geröstete Mandelsplitter

frisch geriebener Parmesan

NOAN Olivenöl Intenso

Das Rehfleisch und den Speck in den Fleischwolf geben. Die Zwiebeln sehr klein würfeln und in etwas Butter goldgelb dünsten. Das gewolfte Fleisch und den Speck zugeben und anrösten. Pelati mixen und gemeinsam mit dem Tomatenmark zugeben. Alles anschwitzen. Die Marmelade zugeben und weiter durchrösten lassen. Dann das Blutorangenpüree und die Alkoholika zugeben und einkochen lassen. Mit Kalbsjus auffüllen, das Bouquet Garni und den Gewürzbeutel zugeben und ca. 1 Stunde ziehen lassen.

In der Zwischenzeit die gewünschte Beilage nach Packungsanleitung zubereiten. Nun den Gewürzsack und das Bouquet Garni entfernen. Je nach Vorliebe Knöpfle, Nudeln oder Spätzle in Schalen oder tiefe Teller geben, die Bolognese darauf anrichten. Den Kräutersalat mit Olivenöl, Salz und Pfeffer marinieren und auf der Bolognese verteilen, mit gerösteten Mandelsplittern und Parmesan garnieren.

PS: Nein, wir haben uns nicht bei den Fotos vertan – die Rehbolognese, die uns Hendrik Otto gezaubert hat, ist besonders edel und deshalb mit herrlichem Grün betucht.

Dieses Rezept ist von *Hendrik Otto*

Douro

FÜR 1 PORTION

40 ml NOAN Olivenöl Douro

ca. 40 g Lauch, in dünne Streifen geschnitten

3 Jakobsmuscheln (in dünne Scheiben geschnitten)

1 EL Kapern

20 ml Limettensaft

125 ml Gemüsefond

150 ml Schlagobers

2 TL Salz

roter und schwarzer Pfeffer, frisch gemahlen

ca. 200 g gekochte Pasta, etwa Tagliatelle

einige Blätter Basilikum

Pasta mit Jakobsmuscheln

Einen großen Topf Salzwasser zum Kochen bringen und die Nudeln nach Packungsanleitung bissfest kochen.

Olivenöl gemeinsam mit dem Lauch und den Kapern leicht in einer Pfanne anschwitzen. Anschließend mit Gemüsefond ablöschen, mit Salz und Pfeffer würzen. Obers und Limettensaft dazugeben. Während die Sauce köchelt, die Jakobsmuscheln in dünne Scheiben schneiden und anbraten. Die Pasta kurz in der Sauce durchschwenken. Mit Basilikum und Pfefferkörnern garnieren.

Intenso

FÜR 3–4 PORTIONEN

2 große Zucchini

300 g Faschiertes vom Rind

3–4 große Tomaten, klein geschnitten

1–2 Karotten, geraspelt

1 Dose Tomaten

1 Zwiebel, fein gewürfelt

Gemüsebrühe

Lorbeerblätter

Oregano, Basilikum

Paprikapulver

Salz, Pfeffer

Parmesan, frisch gerieben

NOAN Olivenöl Intenso

Dieses Rezept ist von *Gerald Eichholzer*

Zoodles

Etwas Olivenöl in einer großen Pfanne erhitzen, das Faschierte mit ca. ½ TL Paprikapulver anbraten. Zwiebel und Karotten dazu, 5 min dünsten. Tomatenwürfel sowie Dosentomaten hinzufügen und mit Salz, Pfeffer und Oregano abschmecken. Bei Bedarf Gemüsebrühe hinzufügen. Die Pfanne mit einem Deckel verschließen und 10–15 Minuten bei geringer Hitze köcheln lassen (Tomatensaucen werden bei zu großer Hitze schnell säuerlich-bitter). Einen großen Topf Salzwasser zum Kochen bringen.

Mit einem Spiralschneider aus den Zucchini dünne Streifen drehen und die entstandenen Zoodles mit einer Schere in die gewünschte Länge schneiden. Wenige Minuten im kochenden Wasser blanchieren. Mit einer Zange oder großen Gabel die Zoodles aufwickeln und in der Mitte eines Pastatellers platzieren. Etwas von der Bolognese-Sauce darüber geben und mit Parmesan und Basilikum garnieren.

FÜR 4 PERSONEN

4 Stubenkükenbrüste

3 Knoblauchzehen

2 Rosmarinzweige

2 Schalotten , 30 g Butter

50 g Putenbrust

50 g Schlagobers

1–2 Bund Basilikum

90 ml NOAN Olivenöl Douro

3 grüne Tomaten

1 Chilischote

10 ml NOAN Trauben-
Balsamessig

20 gelbe Cherrytomaten

16 kleine Kugeln
Büffelmozzarella

1 Ochsenherztomate, in
dünne Scheiben geschnitten

Salz, Pfeffer

Zucker

Soufflierte Stubenkükenbrust

Für die marinierten gelben Cherrytomaten eine Knoblauchzehe zerdrücken und mit einem Rosmarinzweig in eine Pfanne geben. 20 ml Olivenöl dazugeben und erhitzen. Mit Salz und Zucker abschmecken und heiß über die gelben Cherrytomaten geben.

TIPP: Damit die Tomaten den Geschmack besser annehmen, sollte man sie schon einen Tag vorher einlegen und kurz vor dem Anrichten noch einmal im Öl erwärmen.

Für die grüne Salsa die Tomaten vierteln, das Kerngehäuse entfernen und in feine Würfel schneiden. Die Schalotte, die Chilischote und eine Knoblauchzehe sehr fein würfeln und unter die Paradeiser mengen. 20 ml Olivenöl und den Balsamessig dazugeben, vermengen und mit Salz und Pfeffer abschmecken.

TIPP: Damit der Geschmack sich besser entfaltet, sollte man die Salsa ca. 1 Stunde ziehen lassen.

Für die Farce die Putenbrust faschieren und in einen Cutter oder eine Moulinette geben. 50 g Basilikum fein hacken und mit dem Schlagobers zur Pute dazugeben. Mit Salz und Pfeffer würzen und zu einer homogenen Masse cuttern. Die Farce in einen Spritzbeutel umfüllen. Die Stubenkükenbrust zuputzen und den Knochen freischneiden. Die Basilikumfarce vorsichtig, aber gleichmäßig unter die Haut füllen und mit den Händen in Form bringen. Eine Schalotte und eine Knoblauch-

zehe grob schneiden und mit der Butter und einem Rosmarinzweig in einer Pfanne erhitzen. Die gewürzten Brüste zugeben, beidseitig anbraten und anschließend für ca. 8 Minuten bei 150 C° Heißluft im Rohr fertig braten. Vor dem Servieren sollte man die Brust noch mit der geschmolzenen Gewürzbutter übergießen.

Für das Basilikumöl 50 ml Olivenöl und ½ Bund Basilikum mit einem Stabmixer pürieren und durch ein feines Sieb abseihen.

Mit Mozzarella, Ochsenherztomate und Basilikumöl anrichten.

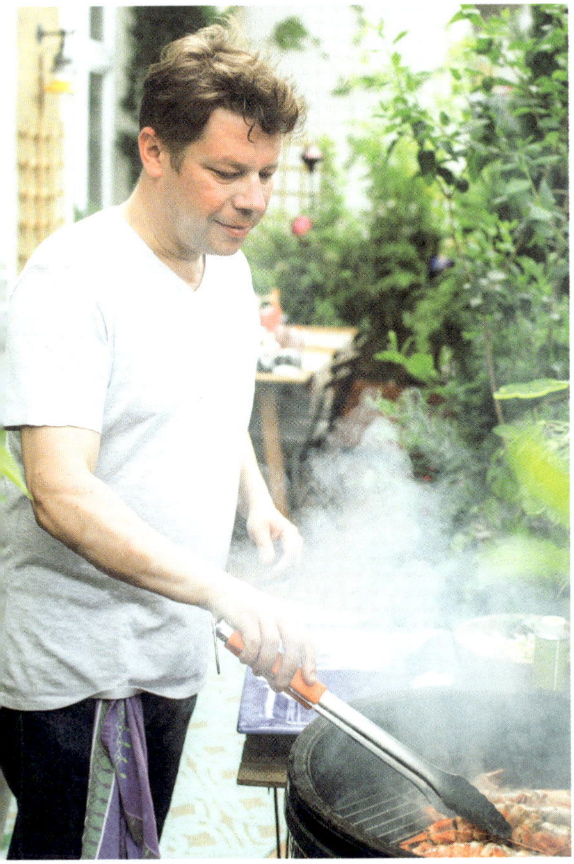
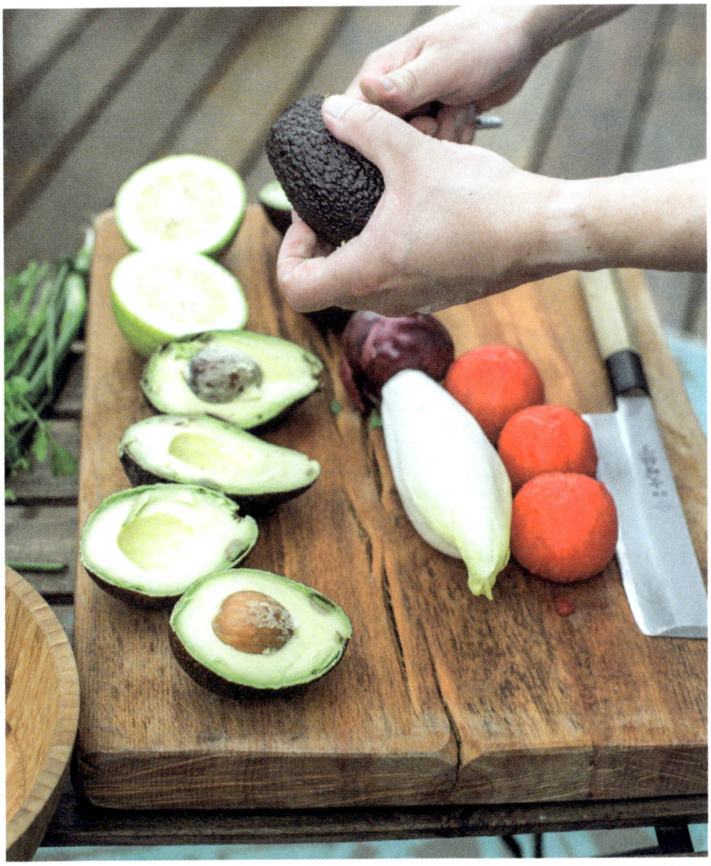
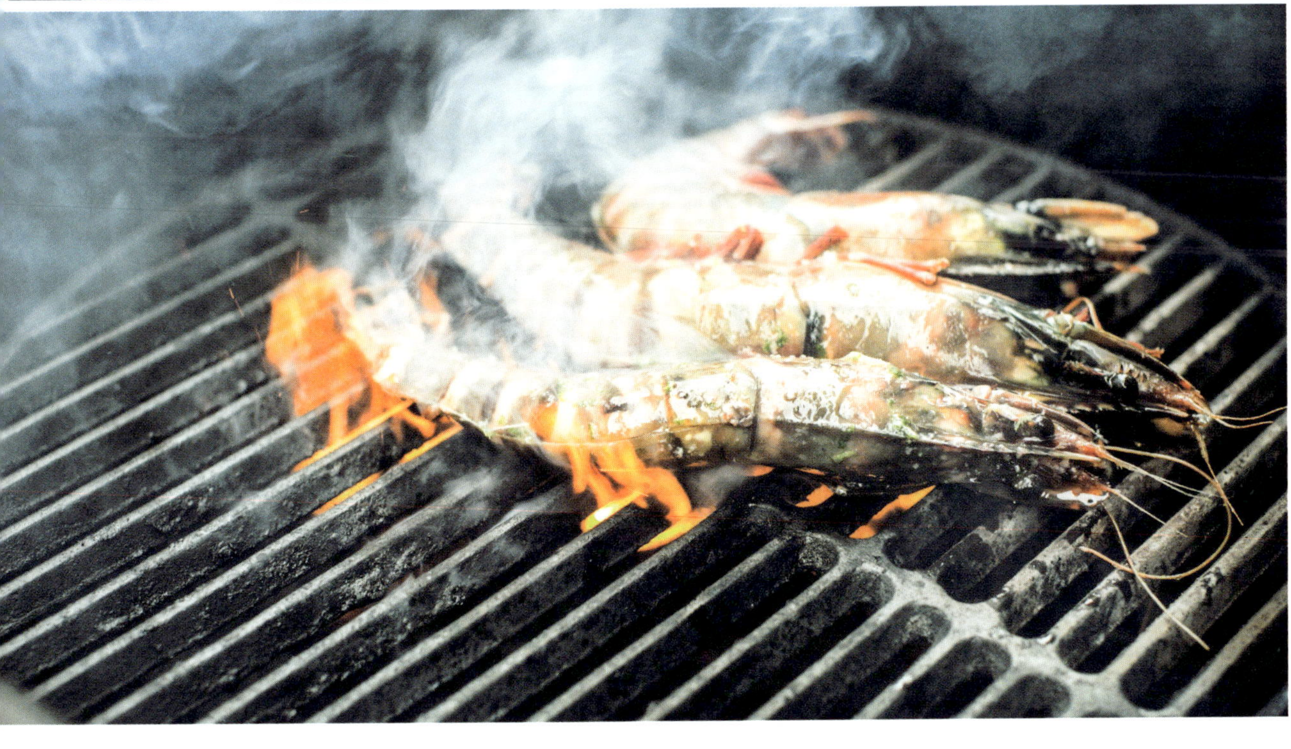

Douro

FÜR 4 PERSONEN

8–12 Garnelen, Größe U5 mit
Kopf und Schale

NOAN Olivenöl Douro

2 Limetten

Salz

2 Avocados

½ rote Zwiebel

1 Löffel frischer Koriander,
gehackt

Zitrone

Tomaten, gewürfelt

Chicorée (Endivien), quer zum
Blatt klein geschnitten

Jungzwiebeln,
klein geschnitten

Riesengarnelen an Avocado

Garnelen:

Die Garnelen am Rücken mit einer Schere aufschneiden und den Darm herausziehen. Mit reichlich Olivenöl, Saft und Zesten von zwei Limetten und Salz bei Zimmertemperatur eine Stunde lang marinieren (oder über Nacht im Kühlschrank).

Die Garnelen bei starker Hitze auf den Holzkohlegrill legen und auf eine Kerntemperatur von 56 °C bringen, dann vom Grill nehmen. Die Temperatur steigt weiter auf ca. 59–60 °C.

Bei Garnelen spielt es eine große Rolle, dass man sie frisch verwendet und nicht zu lange liegen lässt, sonst besteht Bakteriengefahr (zwischen 10 und 55 Grad Celsius). Zum Messen der Kerntemperatur verwendet der Profi eine möglichst dünne Thermosonde.

Avocadosalat:

Avocado mit Zitronensaft beträufeln und mit einer Gabel zerdrücken. Mit den restlichen Zutaten vermengen. Die Endivien geben dem Salat den besonderen Crunch!

Dieses Rezept ist von *Denis König*

Kalbsrückensteak auf Kartoffel-Oliven-Püree

Intenso

FÜR 4 PERSONEN

720 g zugeputzter Kalbsrücken

1 Zweig Rosmarin

800 g mehlige Kartoffeln

200 ml Milch

20 g Oliven (Taggiasche)

20 g NOAN Oliven

glatte Petersilie

100 ml Gemüsefond

etwas Kalbsjus

1 Chilischote

1 Zitrone

250 g breite grüne Bohnen

Muskatnuss

geschroteter schwarzer Pfeffer, Salz

Basilikum

NOAN Olivenöl Intenso

Kalbsrücken in vier Portionen schneiden und die Scheiben mit etwas gehacktem Rosmarin und Pfeffer bestreuen. Die Kartoffeln schälen und in Salzwasser weich kochen. Flüssigkeit abschütten, Kartoffeln stampfen und mit aufgekochter Milch glatt rühren. Mit Salz und geriebener Muskatnuss abschmecken und durch ein grobes Sieb streichen.

Grüne Oliven entkernen und mit den schwarzen in Würfel schneiden. Petersilie in Salzwasser kurz – ca. 10 Sekunden – blanchieren und in Eiswasser abschrecken. Die Petersilie klein schneiden und mit kaltem Gemüsefond mixen, salzen und durch ein Sieb drücken. Die Bohnen in Salzwasser weich kochen, abschrecken und in lange, feine Streifen schneiden. Den marinierten Kalbsrücken salzen und in einer Grillpfanne zeichnen oder grillen. Anschließend einige Minuten ins auf 160 °C vorgeheizte Rohr geben. Garzeit variiert je nach Dicke der Steaks!

Die geschnittenen Oliven zum Kartoffelpüree geben und mit viel Olivenöl vollenden (das Olivenöl muss sich schön mit dem Püree verbinden). Die Bohnen in Olivenöl mit klein geschnittener Chilischote erwärmen, mit Salz, Basilikum und geriebener Zitronenschale abschmecken. Den Petersilienfond erwärmen und vor dem Servieren mit Olivenöl vollenden.

Das Kartoffelpüree auf die Teller geben. Den geschnittenen Kalbsrücken und die grünen Bohnen darauf anrichten. Danach den Petersilien-Olivenöl-Fond und etwas Kalbsjus auf die Teller verteilen.

FÜR 4 PERSONEN

3 Lammkronen (Martin Zeißl verwendet Bio-Lammkronen aus dem Waldviertel)

30 g Butter

Rosmarin, Thymian, Knoblauchzehe

80 g Eierschwammerl

100 ml NOAN Olivenöl Classic

1 Feldgurke

12 Herzkirschen

100 g Wurzelspeck

80 g wilder Brokkoli

80 g Fisolen

80 g Zuckerschoten

Eiswürfel zum Abschrecken

8 heurige Babyerdäpfel

10 g Zitronenverbene (Minze kann man ersatzweise auch verwenden)

1 EL Holundersirup

Salz, Pfeffer

rotes Basilikum

Holunderblüten

Lammkronen mit Gröstl und Herzkirschen

Backrohr auf 180 °C vorheizen. Das Lamm mit Salz und geschrotetem Pfeffer würzen. In einer heißen Pfanne mit Tafelöl scharf anbraten, nach ca. 2 Minuten wenden, anschließend auf ein mit Backpapier ausgelegtes Backblech legen.

Butter mit Knoblauch und Kräutern zerlassen und die Mischung über das Lamm gießen. Die Kronen für etwa 8 Minuten in den Ofen geben, bis sie medium-rare sind (je nach Dicke und bevorzugter Garstufe). Das Fleisch danach mit Folie abdecken und 10 Minuten ruhen lassen.

Den Wurzelspeck würfeln und langsam in einer Pfanne schwenken, bis er goldbraun ist. Die Speckwürfel auf ein Papier geben und das überschüssige Fett abtropfen lassen.

Die heurigen Erdäpfel waschen und samt der Schale etwa 20 Minuten lang in Salzwasser kochen. Auskühlen lassen, schälen und halbieren. Die Eierschwammerl unter fließendem Wasser waschen und auf einem Papier abtropfen lassen.

Die Kirschen entkernen. Zuckerschoten, Keniabohnen und wilden Brokkoli in kochendem Salzwasser 2 Minuten blanchieren und in Eiswasser abschrecken, so behält das grüne Gemüse die Farbe. Die Feldgurken waschen, ca. 1 cm dick der Länge nach aufschneiden und in Eiswasser

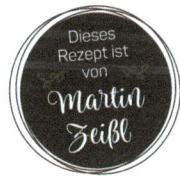

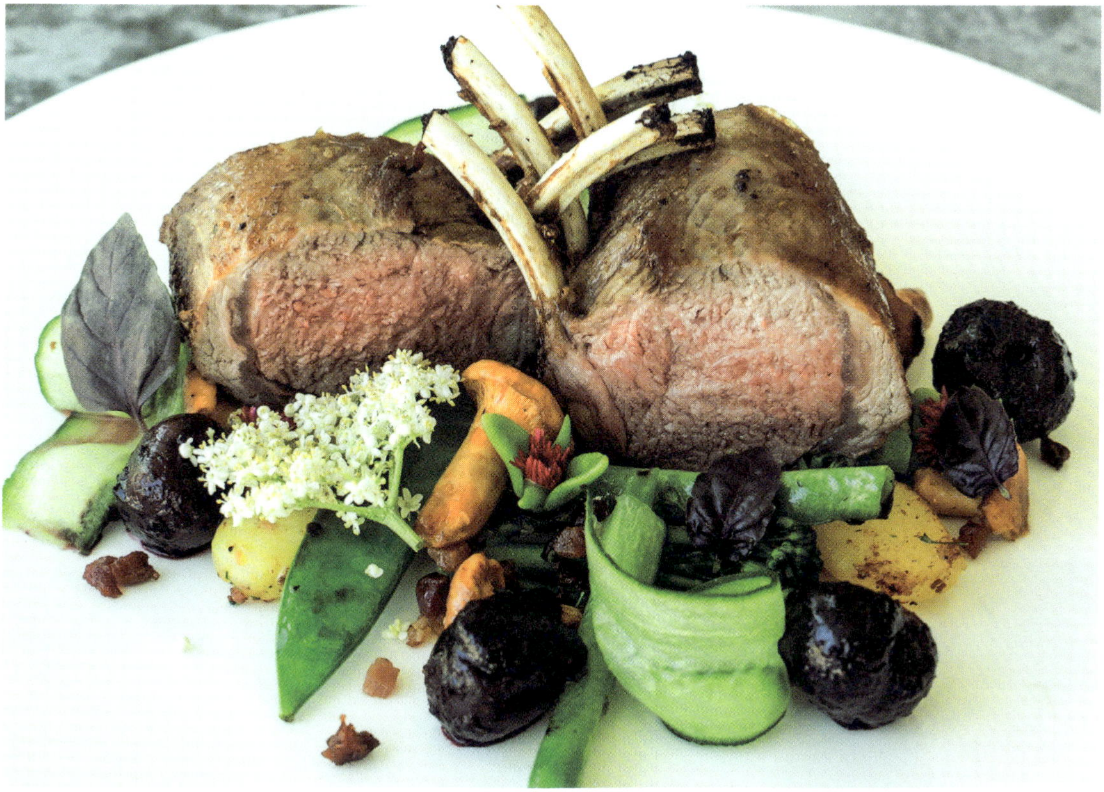

Dieses Rezept ist von Martin Zeißl

einlegen. Erdäpfel und Eierschwammerl in Olivenöl anbraten – nicht zu heiß, sie sollen keine Farbe bekommen. Das blanchierte Gemüse und die Kirschen hinzugeben und zwei Minuten schwenken. Die ausgelassenen Speckwürfel untermischen, mit Holundersaft und Zitronenverbene verfeinern.

Mit Feldgurken, rotem Basilikum und Holunderblüten dekorieren.

TIPP: Die Lammkronen am besten gleich beim Einkauf bratfertig herrichten lassen.

Intenso

FÜR 1 TARTE

10 Blätter Yufkateig (etwas
größer als die Tarte-Form)

60 g geschmolzene Butter

1 Nashibirne (entkernt, in 1 cm
dicke Scheiben geschnitten)

300 g Tatar

4 Eier

3 EL Semmelbrösel

Salz, Pfeffer

Kräuter der Provence,
gemörsert

1 rote Zwiebel, fein gehackt

1 Knoblauchzehe,
fein gehackt

1 Lauch, in feine Streifen
geschnitten

300 g Schmand

4 EL Ziegenfrischkäse

je 3 Zweige Thymian,
Rosmarin, Oregano

½ Rolle Ziegenkäse,
in Scheiben geschnitten

NOAN Olivenöl Intenso

Ziegenkäse-Birnen-Tarte

Die Yufkateig-Blätter so groß schneiden, dass sie etwas größer als die
Tarteform sind. Mit Butter bestreichen, in der ebenfalls gebutterten
Tarteform aufeinander legen und mit der Nashibirne belegen. Den über-
stehenden Teig am Rand abschneiden.

Das Tatar mit einem Ei, den Semmelbröseln, Salz, Pfeffer und Kräutern
der Provence vermischen und abschmecken. Kirschgroße Bälle daraus
formen, in einer heißen, gefetteten Pfanne kurz von allen Seiten anbraten und auf Küchenpapier auskühlen lassen. Zwiebeln, Knoblauch und
Lauch kurz goldbraun in der Pfanne anbraten.

Die restlichen Zutaten, bis auf die Ziegenkäserolle, in einer Schüssel
vermischen, das Gemüse aus der Pfanne hinzugeben und abschmecken. Die Tarteform mit der Schmand-Ziegenkäse-Mischung bis zum
Teigrand auffüllen und mit Tatarbällchen und Ziegenkäsescheiben
belegen.

Die Tarte ca. 25 Minuten bei 200 °C Ober-/Unterhitze backen. Danach
etwa fünf Minuten nachziehen lassen und vor dem Servieren mit
Olivenöl beträufeln.

Dieses Rezept ist von

Noan

Intenso

FÜR 2 PORTIONEN

2 Melanzani

100 g Karotten

100 g Weißkohl,
frisch gehobelt

1 Apfel
(z. B. Gala oder Jonagold)

½ Bund Frühlingszwiebeln

frische Petersilie, gehackt

frischer Koriander, gehackt

Salz, Pfeffer

1 Chilischote

NOAN Olivenöl Intenso

NOAN Trauben-Balsamessig

1 TL Senf

½ TL Honig

etwas Zitronensaft

Gefüllte Melanzani

Den Ofen auf 180 °C vorheizen. Währenddessen die Melanzani halbieren und die Kerne mit einem Löffel entfernen. Auf einem mit Backpapier ausgelegten Backblech die Melanzanihälften mit der flachen Seite nach unten mindestens 20 Minuten lang im Backofen garen. In der Zwischenzeit die Füllung und das Dressing vorbereiten.

Die Möhren, den Weißkohl sowie den Apfel putzen und raspeln, die Frühlingszwiebeln in feine Ringe schneiden. Für das Dressing der lauwarmen Rohkostfüllung den Senf mit Honig, Essig, Olivenöl und etwas Zitronensaft in einer kleinen Schale verrühren, bis eine homogene Sauce entsteht. Zuletzt mit Salz, Pfeffer und klein geschnittenem Chili nach Geschmack abschmecken.

Mit einem Löffel die Hälften der Melanzani aushöhlen, klein schneiden und zusammen mit dem übrigen, klein geschnittenen Gemüse in einer Schüssel vermischen. Mit dem Dressing beträufeln. Zuletzt die Melanzanihälften mit dem Gemüse befüllen und noch lauwarm servieren.

Douro

FÜR 4 PERSONEN

4 Weizen- oder
Vollkorntortillas

250–300 g Couscous

2 Tomaten

Kohl

1–2 Handvoll Cheddar

2–3 Frühlingszwiebeln

eine Handvoll Minze

1 Zitrone

NOAN Olivenöl Douro

Salz, Pfeffer

BBQ-Sauce
(Rezept siehe Seite 118)

Couscous-Wrap

Dieses Rezept ist von Wrap Stars

Couscous nach Packungsanleitung zubereiten. Alle anderen Zutaten in der Zwischenzeit in kleine Stückchen schneiden, den Cheddar reiben. Für die Salsa einfach die geschnittenen Tomaten, Frühlingszwiebeln und Minze mit dem Saft einer Zitrone, Olivenöl, Salz und Pfeffer vermischen.

Die Tortillas wärmen, bis sie auf beiden Seiten leicht angebräunt sind. Anschließend den fertigen Couscous, den geschnittenen Kohl, den Cheddar und die Salsa auf dem Wrap verteilen. Zum Schluss noch ein wenig Barbecue-Sauce dazugeben.

Wrap-Tutorial:
Die Füllung am besten nicht mittig, sondern eher im unteren Drittel platzieren. Zunächst wird das untere Ende über die Füllung nach oben fest eingeklappt. Dann von einer Seite beginnend alles zu einem Wrap wickeln.

TIPP: Ein bisschen frisch gepressten Orangensaft zur Barbecue-Sauce mischen. Man kann entweder gekaufte Barbecue-Sauce verwenden – wir nehmen natürlich die von Wrapstars – oder seine eigene zubereiten. Das Rezept dafür finden Sie auf Seite 118.

Nachspeisen

Dieses Rezept ist von *Margit Schweger*

Intenso

FÜR 1 KUCHEN

200 g Schokolade
(mind. 70 % Kakaoanteil)

125 ml NOAN Olivenöl Intenso

200 g Puderzucker

2 TL gemahlene
Mandeln oder Haselnüsse

5 Bio-Eier

Salz

Olivenöl-Schokoladen-kuchen

Die Schokolade grob zerkleinern und über einem Wasserbad langsam schmelzen, gelegentlich umrühren. Wenn die Schokolade komplett geschmolzen ist, das Öl langsam in einem regelmäßigen Strahl der Schokolade beifügen und vorsichtig unterrühren. Nun den Topf vom Herd nehmen und zwei Drittel des Zuckers (ca. 130 g) sowie die gemahlenen Nüsse unter die Schoko-Öl-Masse heben. So lange rühren, bis sich der Zucker aufgelöst hat. Im Anschluss die Eier trennen und die Eigelbe vorsichtig in die Masse rühren. Am besten alles vorher unter ständigem Rühren leicht abkühlen lassen, damit das Ei nicht stockt.

Während die Schokoladenmischung abkühlt, das Eiweiß mit einer Prise Salz steif schlagen und den Rest des Zuckers vorsichtig einrühren. Zuletzt den Eischnee sehr behutsam unter den Schokoladenteig heben, sodass wenig Volumen verlorengeht und der Kuchen beim Backen schön aufgeht. Den Teig in eine gefettete Springform (20 cm) umfüllen und 35 bis 40 Minuten im vorgeheizten Ofen bei 180 °C backen. Der Kuchen ist fertig, wenn die Kruste aufbricht.

TIPP: Eine Prise Salz zum Eiweiß geben, da es sich dann besser steif schlagen lässt. Zudem bekommt der Eischnee durch das Salz eine schönere Textur und verliert nicht so schnell das Volumen.

FÜR 1 TORTE

250 g geriebene Mandeln

50 g Kokosfett

50 ml NOAN Olivenöl Classic

Gelatine (Agar-Agar als vegetarische Alternative)

250 g Joghurt

400 g Frischkäse

100 g Birkenzucker

125 g frische Heidelbeeren

Dieses Rezept ist von *Gerald Aichholzer*

Low-Carb-Cheesecake

Kuchenboden: Gemahlene Mandeln ohne Öl anrösten, dann mit Olivenöl und Kokosfett vermischen und in einer 24 cm großen Kuchenform platt drücken. Für 20 Minuten in den Tiefkühler geben.

Cream Cheese: Gelatine laut Packungsangabe zubereiten, anschließend Joghurt, Frischkäse, Zucker und einen Teil der Gelatine vermischen, auf dem Kuchenboden verteilen. Heidelbeeren pürieren, die restliche Gelatine einrühren und auf dem Cream Cheese verteilen. Mindestens eine Stunde kalt stellen. Mit frischen Heidelbeeren verzieren, anschneiden und genießen.

Classic

FÜR 4 PERSONEN

500 g Nougat
300 ml Schlagobers, halb geschlagen
Feigen
frische Himbeeren
Rosmarin, gehackt
1 Blatt weiße Gelatine
130 g Honig, hell
2 EL NOAN Olivenöl Classic
2 EL Zitronen-Olivenöl

Nougatmousse mit gebratenen Feigen

Für das Mousse das Nougat zerlassen, den Schlagobers halb schlagen und beides rasch zusammenrühren. 1 Stunde kühlen lassen. Die Feigen dickblättrig schneiden und in Olivenöl anbraten. Himbeeren passieren und pro Feige einen Esslöffel servieren, mit einer Messerspitze Rosmarin verfeinern.

Für die Sauce die flüssige Gelatine, den Honig, das Olivenöl und das Zitronen-Olivenöl zusammenrühren.

TIPP: Sie können das Zitronen-Olivenöl auch selbst zubereiten, Rezept siehe Seite 120.

Panna cotta
mit Olivenöl

Classic

FÜR 4 PERSONEN

500 ml Obers

4 Kardamomkapseln

2 EL NOAN Olivenöl Classic

1 Vanilleschote

3 Blatt Gelatine

40 g Zucker

1 Limette

gemischte Beeren
(Himbeeren, Heidelbeeren)

2 EL brauner Zucker

2 EL Rum

1 EL NOAN Apfel-Balsamessig

Kardamomkapseln grob zerstoßen. Obers mit Kardamom, Olivenöl, ausgekratzter Vanille und Schote sowie dem Zucker aufkochen und kurz köcheln lassen, dann vom Herd nehmen und 5 Minuten durchziehen lassen. In der Zwischenzeit die Gelatine in kaltem Wasser quellen lassen. Obersmischung abseihen und erneut erhitzen. Gelatine ausdrücken und im heißen Obers auflösen. In 4 Gläschen füllen und 4 Stunden kühl stellen.

Die Beeren mit 2 EL Zucker, 2 EL Rum und einem Schuss Essig vermischen und ziehen lassen. Vor dem Servieren in die kleinen Gläschen füllen.

Olivenöl-Eis

FÜR 8–10 PERSONEN

150 g Honig

250 g Wasser

Saft von 3 Zitronen

400 ml NOAN Olivenöl Douro

Alle Zutaten zusammenmixen und einfrieren. Falls vorhanden, in einer Eismaschine zubereiten. Ansonsten wie Granité herstellen, also einfrieren und während dem Gefrieren etwa halbstündlich mit einer Gabel verrühren, damit durch die Kristalle eine körnige Substanz entsteht.

TIPP: Das Olivenöl-Eis ist eine herrlich erfrischende Nachspeise, passt aber auch beispielsweise ganz hervorragend zu den Bachforellennockerln auf Seite 73.

Macadamia-Auflauf mit Mangocoulis

FÜR 4 PERSONEN

50 g Bitterschokolade

50 g Butter

5 Eier

50 g Brösel

110 g fein gehackte NOAN Macadamias, ungesalzen

60 g Zucker

3 reife Mangos

3 Limetten

⅛ l NOAN Olivenöl Intenso

etwas Vanilleschotenmark

Eier trennen. Eiweiß mit dem Zucker steif schlagen. 4 feuerfeste Formen ausbuttern und mit Zucker ausstreuen. Ofen auf 180 °C vorheizen. Ein Blech mit Wasser vorbereiten, sodass später die Förmchen zu einem Drittel im Wasserbad stehen.

Die Schokolade schmelzen, abkühlen lassen. Die Butter schaumig rühren, das Eigelb untermengen, Macadamias und Brösel dazugeben. Die Schokolade zügig untermischen. Das geschlagene Eiweiß zum Schluss locker unterheben.

Die Masse in die Formen füllen und im Ofen im Wasserbad 25 bis 30 Minuten garen. Herausnehmen, stürzen und mit der Sauce und etwas eiskaltem Olivenöl servieren.

Olivenöl-Mangocoulis:

Die Mangos schälen, klein schneiden und mit Limettensaft, Olivenöl und etwas Vanille pürieren.

Douro

FÜR CA. 12 MUFFINS

2 Tassen Mandelmehl, entölt

4 Eier

2 TL Backpulver

⅓ Tasse Birkenzucker

2 EL Kakao

2 Rippen Schokolade mit mindestens 80 % Kakaoanteil, geraspelt

⅓ Tasse NOAN Olivenöl Douro

⅓ Tasse Wasser

¼ TL Salz

Dieses Rezept ist von *Gerald Aichholzer*

Low-Carb-Schoko-Muffins

Zuerst den Ofen auf 180 °C vorheizen und ein Muffinblech mit den kleinen, handelsüblichen Papiermanschetten auslegen.

Mandelmehl, Backpulver, Zucker, Kakao, Schokoladeraspeln sowie das Salz miteinander vermischen. Dann in einer separaten Schüssel die Eier, das Wasser und das Olivenöl gut verrühren und mit der Mandelmehl-Schokolade-Mischung vermengen, bis ein glatter, leicht flüssiger Teig entsteht.

Den Teig zu gleichen Teilen in die Formen füllen. Ca. 30 Minuten lang backen, anschließend aus dem Blech nehmen und abkühlen lassen.

Orangen-Gugelhupf

Douro

FÜR 1 GUGELHUPF

4 Eier

250 g Staubzucker

geriebene Schale
einer Orange

100 ml NOAN Olivenöl Douro

100 ml Wasser

½ Packung Backpulver

250 g glattes Mehl

3 EL Bitterschokolade-Drops

Die Eier trennen. Die Eidotter, den Zucker und die Orangenschale mindestens 5 Minuten lang mit einem Mixer schaumig schlagen, bis sich die Masse verdoppelt hat und eine hellgelbe Farbe angenommen hat.

Mehl und Backpulver vermengen, Olivenöl und Wasser abwechselnd eingießen und zu einer gleichmäßigen Masse verrühren.

Eine Prise Salz zu den Eiklar geben und einen steifen Schnee schlagen. Dabei ist es wichtig, dass die Mixhaken ganz sauber sind – Verunreinigungen verhindern, dass das Eiweiß steif wird. Den Eischnee mit einem Spatel vorsichtig unter die Masse heben, damit dieser sein Volumen behält und nicht zerfällt. Nun die Schoko-Drops sachte einrühren.

Den Teig in die Gugelhupfform füllen und etwa 45 Minuten bei 180 °C Umluft backen.

Grießknödel mit geschmorter Birne

Intenso

FÜR 4 PERSONEN

500 ml Milch

5 EL Zucker

120 g Butter

½ Vanilleschote

140 g Grieß

2 Eier

50 g Nougat

Abrieb von einer Orange

Puderzucker

1 l Milch

50 g Zucker

1 Prise Salz

1 Birne

etwas Butter zum Begießen

1 EL NOAN Olivenöl Intenso

Die Milch mit dem Zucker, der Butter, der Vanille und dem Orangenabrieb aufkochen lassen. Grieß einrühren und aufquellen lassen. Vom Herd nehmen, kurz auskühlen lassen. Vanille auskratzen, Schote entfernen.

Die Eier unterrühren und 1 Stunde ruhen lassen. Die Masse in etwa golfballgroße Stücke portionieren, kleine Stücke vom Nougat in die Mitte legen und mit flachen Händen Knödel daraus formen. Die Knödel in 1 l kochende Milch geben, einmal aufkochen und danach 10 bis 15 Minuten ziehen lassen. Die Knödel aus der Milch nehmen, auf Küchenpapier abtropfen lassen und mit Puderzucker bestreuen.

Die Birne achteln und das Kerngehäuse entfernen. Mit dem Zucker bestreuen und die Stücke in einer heißen Pfanne langsam karamellisieren, bis sie goldgelb sind. Die Pfanne vom Herd nehmen, etwas Butter und das Olivenöl zugeben und um die Stücke zerlaufen lassen. Nun die Grießknödel mit den Birnenspalten auf einem Teller anrichten.

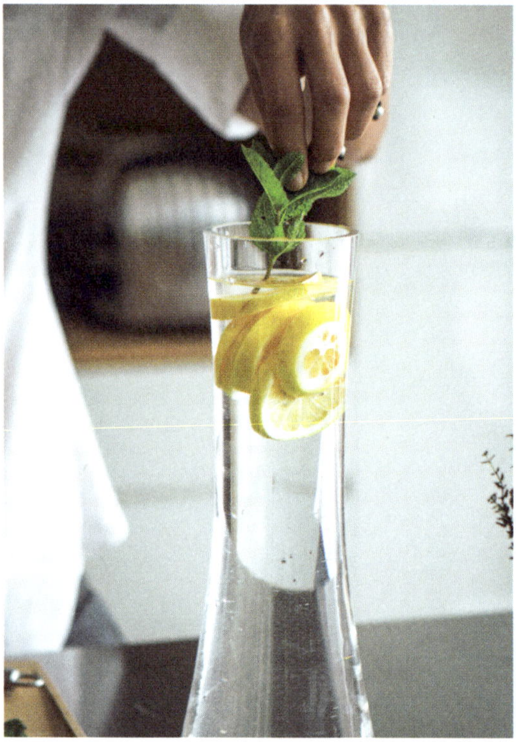

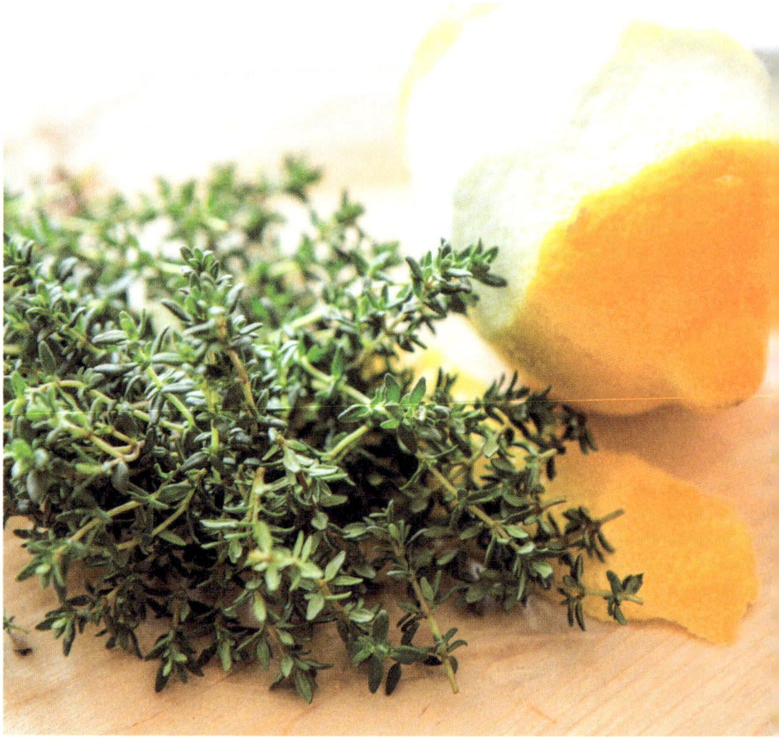

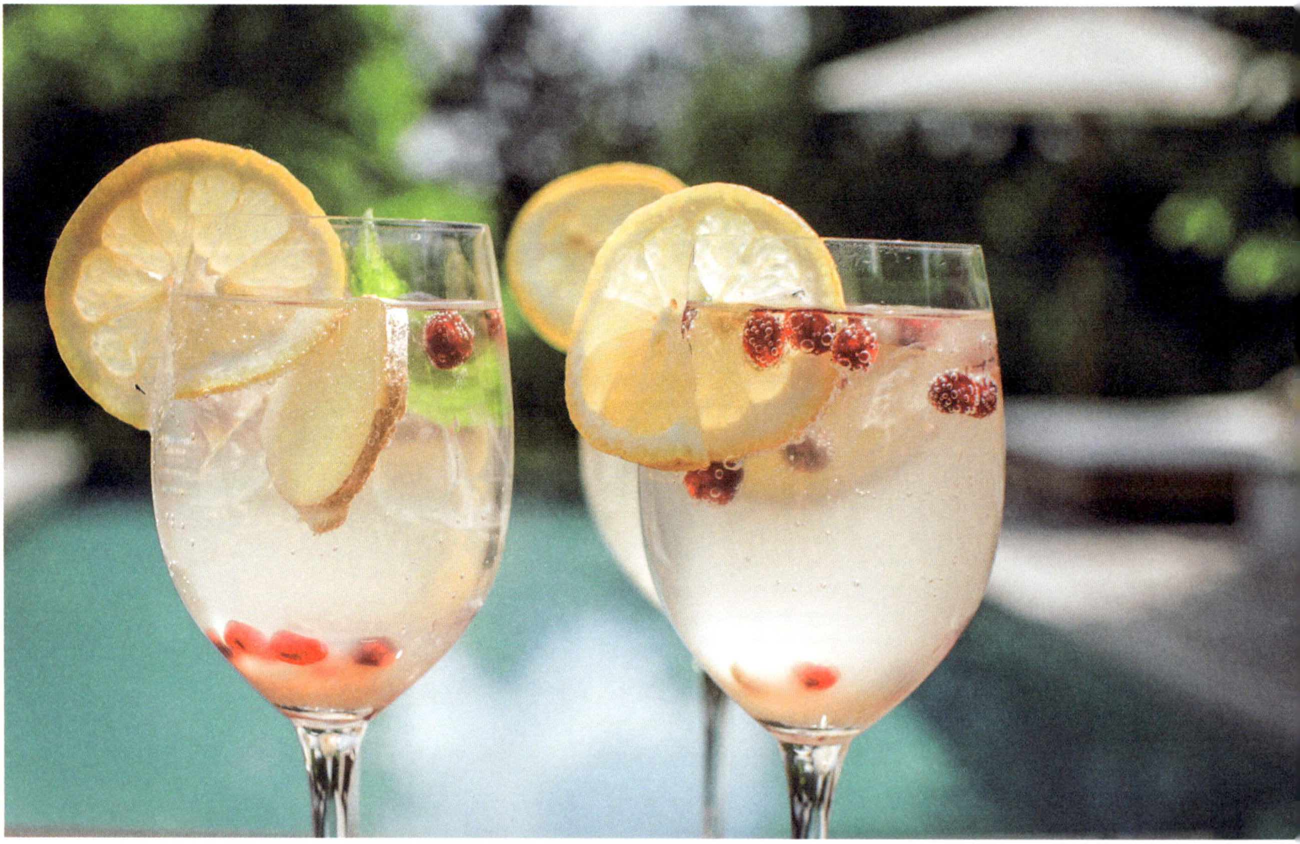

Extras
Drinks
Snacks

BBQ-Sauce

Intenso

FÜR EIN GLAS

50–100 ml
Worcestershire-Sauce

1 Zwiebel, fein gehackt

2 EL brauner Zucker

200 ml Ketchup

2 TL Senf

1–2 gestrichene
EL Paprikapulver, geräuchert

1 Chilischote, fein gehackt

3 Knoblauchzehen,
fein gehackt

Saft und Abrieb einer Zitrone

Rauchsalz

50–100 ml
NOAN Olivenöl Intenso

Sämtliche Zutaten in einen Topf geben, miteinander vermischen und circa eine halbe Stunde bei mittlerer Temperatur köcheln lassen. Im Anschluss daran alles mit einem Pürierstab oder in einem Blender mixen, so lange bis eine homogene, leicht eingedickte Sauce entstanden ist. Zum Schluss mit Rauchsalz abschmecken.

Die Sauce ist sowohl als Marinade als auch zum Dippen geeignet. Egal ob Schweinsrippchen, Grillfleisch oder Bratkartoffeln – Barbecue-Sauce verleiht jedem Gericht zusätzlichen Pep und Schwung.

TIPP: Die BBQ-Sauce einfach in kleine Gläser umfüllen! Das sieht nicht nur auf dem gedeckten Tisch hübsch aus, sondern ist auch ein schönes Mitbringsel.

Chimichurri

FÜR EINE KLEINE SCHALE

Petersilie

Minze

Rosmarin oder Basilkum

1 Bio-Zitrone

1–2 Knoblauchzehen

rosa Pfeffer

125 ml NOAN Olivenöl Douro

1 EL Senf

1 EL Meersalz

Je eine Handvoll der frischen grünen Kräuter klein hacken. Dann mit Salz, Olivenöl, Senf, Pfeffer sowie dem Abrieb und Saft der Bio-Zitrone verrühren. Fertig!

TIPP: Wir haben das Chimichurri von Alexandra Palla übrigens als perfekte Ergänzung für die Fischburger verwendet. Das Rezept dazu finden Sie auf Seite 75.

Dieses Rezept ist von *Alexandra Palla*

FÜR EIN WECKGLAS

NOAN Olivenöl Classic

1 Bio-Zitrone

einige frische
Bio-Thymianzweige

Dieses
Rezept ist
von

Noan

Zitronen-Thymian-Olivenöl

Die Zitrone und den Thymian kurz mit heißem Wasser abwaschen, anschließend mit einem scharfen Messer die Schale der Zitrone abschneiden. Beides in ein sauberes Gefäß geben und mit Öl übergießen, bis alles bedeckt ist.

Das Gefäß gut verschließen und mindestens eine Woche lang lagern, damit sich die Aromen entfalten und vom Olivenöl aufgenommen werden können. Das Gefäß sollte luftdicht verschließbar sein und möglichst kein Licht durchlassen.

Classic

FÜR 4–6 PORTIONEN

1 Glas NOAN Oliven

3 EL NOAN Olivenöl Classic

eine Prise grobes Meersalz

1 Knoblauchzehe

frische Rosmarinzweige

Kräuteroliven

Die Salzlake abgießen und die Oliven in eine ofenfeste Form geben. Etwas Olivenöl, grobes Meersalz, Knoblauch sowie Rosmarinzweige dazugeben und bei 200 °C im Ofen circa 20 Minuten erhitzen. Heiß servieren!

TIPP: Es ist übrigens ein Mythos, dass man Olivenöl nicht erhitzen darf. Hochwertiges Olivenöl darf man bis zum Rauchpunkt erhitzen und ohne weiteres zum Kochen und Braten verwenden – mehr dazu auf Seite 12.

Intenso

FÜR ETWA 8–10 STÜCK

600 g Dinkelmehl

300 ml lauwarmes Wasser

42 g frische Hefe

2 gehäufte TL Salz

4 EL NOAN Olivenöl Intenso

1 Handvoll Thymian und Rosmarin, klein gehackt

1 Handvoll Schnittlauch, klein gehackt

150 g Speckwürfelchen

200 g Bergkäse, gerieben

80 g Parmesan, gerieben

Dieses Rezept ist von *Avocado Banane*

Speck-Käse-Brötchen

Dinkelmehl, Wasser, Hefe, Salz und Olivenöl zu einem sehr glatten Teig kneten und dann in einem Gefäß mit einem feuchten Tuch abdecken. Etwa 1 Stunde rasten lassen.

Nach einer Stunde den Ofen auf 200 °C vorheizen. Den Teig mit den Kräutern, Speckwürfelchen, Bergkäse und Parmesan zusammenkneten. Wenn das Ganze gut vermischt ist, in gleichmäßige Teile aufteilen, Knödel formen und dann flachdrücken. Auf ein Backblech mit Backpapier geben. Nochmals 15 Minuten ruhen lassen. Mit Olivenöl einstreichen und für 20–25 Minuten in den Ofen schieben (je nachdem, wie dunkel gebräunt man seine Brötchen am liebsten hat).

Intenso

FÜR 3–4 PERSONEN

500 g Kartoffeln

Thymian

Rosmarin

Salz und Pfeffer

NOAN Olivenöl Intenso

100 g Naturjoghurt

100 g Sauerrahm

eine Handvoll Schnittlauch

ev. etwas Zitronensaft

Smashed Potatoes

Den Backofen auf 180–200 °C vorheizen. Währenddessen die unge-schälten Erdäpfel in einem ausreichend großen Topf kochen, bis sie fast gar sind. Anschließend die Kartoffeln auf einem mit Backpapier ausgelegten Backblech verteilen und leicht zerquetschen. Das funk-tioniert am besten mit einem Pfannenwender oder einem ähnlichen Küchenutensil. Die Smashed Potatoes mit Olivenöl, Salz und Pfeffer würzen und frische Rosmarin- und Thymianzweige zu den Kartoffeln auf das Blech legen. In den Ofen damit und circa 20 Minuten backen, bis sie goldbraun und knusprig sind.

Für den Kräuterdip einfach den Sauerrahm mit dem Naturjoghurt vermischen und cremig rühren. Den Schnittlauch klein schneiden und der Sauerrahm-Joghurt-Mischung beigeben. Nach Belieben mit Salz, Pfeffer und eventuell einem Spritzer Zitronensaft abschmecken.

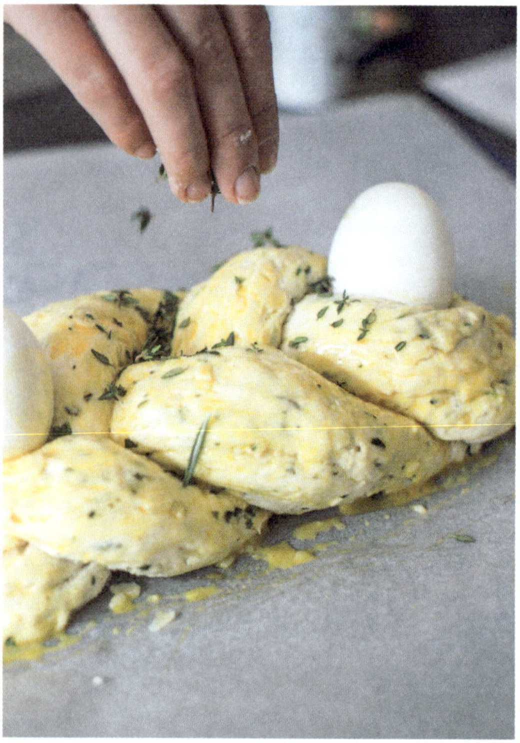
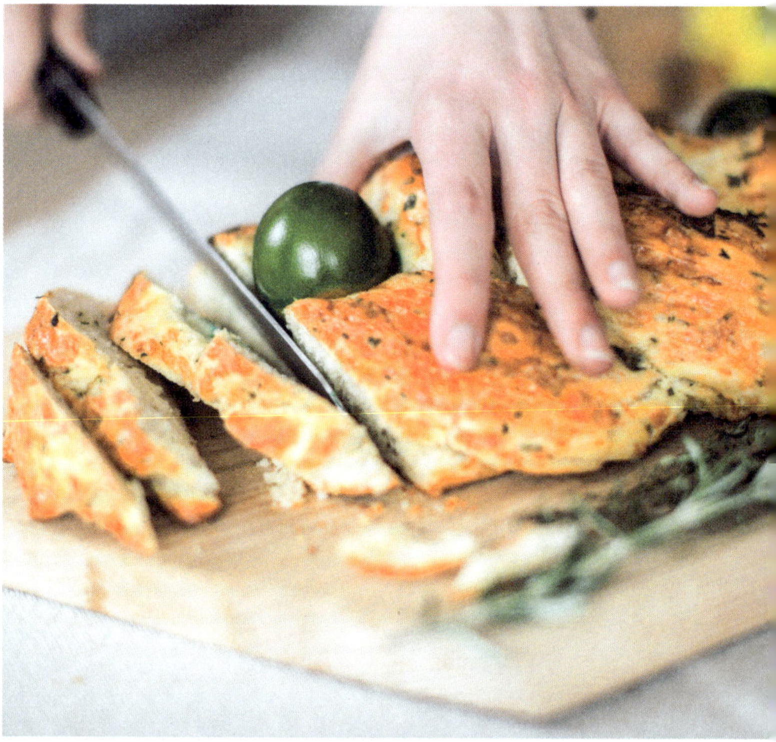
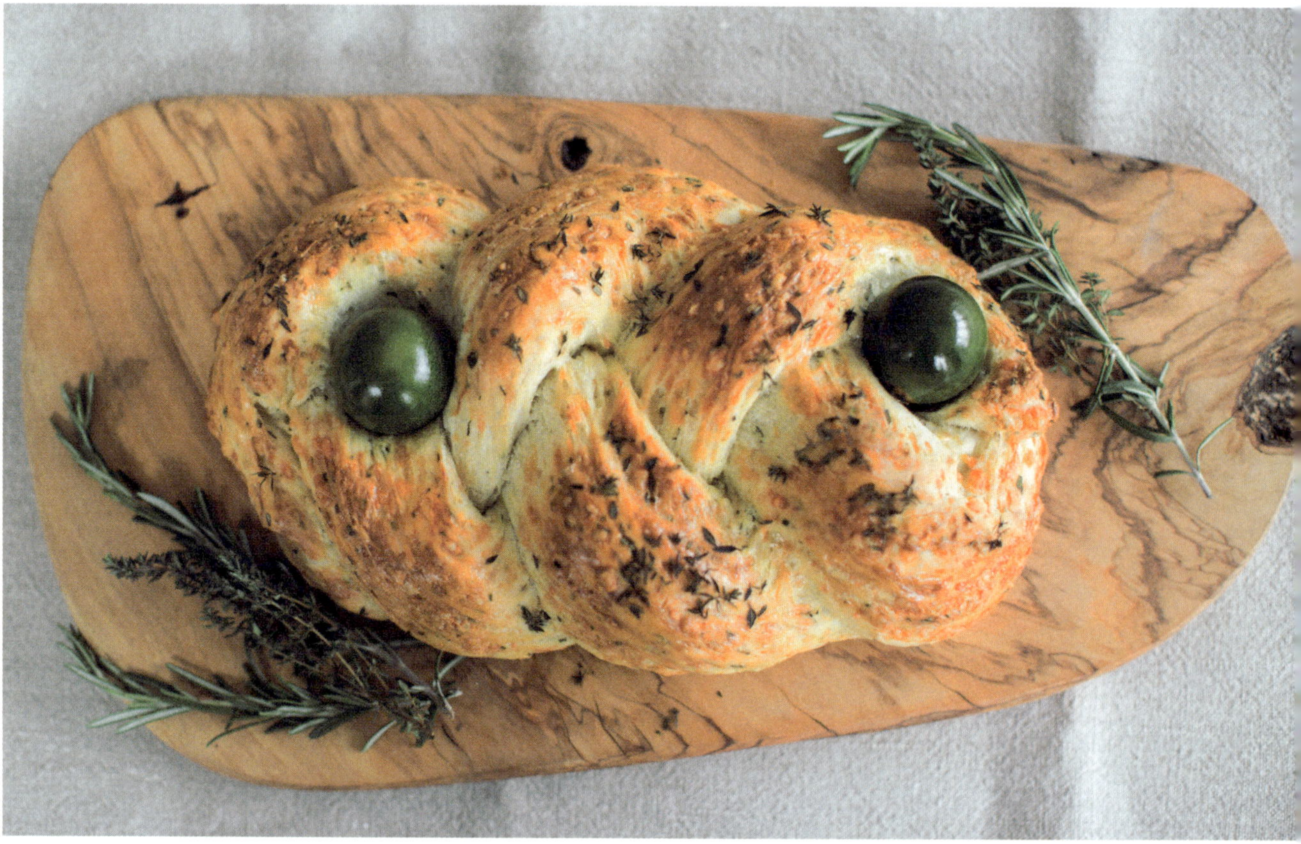

Classic

FÜR 1 OSTERZOPF

600 g Mehl

300 ml lauwarmes Wasser

1 Päckchen bzw. 7g Germ
(Trockenhefe)

3 EL grobes Meersalz

3 EL NOAN Olivenöl Classic

2 ½ Bund gehackte Kräuter
(z.B. Basilikum, Thymian
oder Rosmarin)

200 g Hartkäse, gerieben
(z.B. Bergkäse)

50 g geriebenen Parmesan

gefärbte Eier
für die Dekoration

ausgeblasene Eier
als Deko-Platzhalter
beim Backen

Osterzopf

In einer Schüssel das Mehl mit dem Germ, 2 TL Salz, Olivenöl und Wasser zu einem homogenen Teig vermengen. Den Teig zugedeckt mit einem feuchten Tuch an einem warmen Ort eine Stunde ruhen lassen.

In der Zwischenzeit 2 Bund der gehackten Kräuter mit dem Käse mischen und in den Teig einarbeiten. Anschließend den Teig in drei gleich große Stücke teilen und zu langen Strängen rollen. Auf einem mit Backpapier ausgelegtem Blech ausbreiten und zu einem Zopf flechten.

Den Zopf vor dem Backen mit gequirltem Ei bestreichen und mit den restlichen Kräutern sowie dem groben Meersalz bestreuen. Weitere 15 Minuten zugedeckt ruhen lassen. Danach 40 Minuten im vorgeheizten Ofen bei 200 °C goldbraun backen.

TIPP: Für die Dekoration während des Flechtens kleine Mulden für hartgekochte, gefärbte Eier aussparen. Damit die Mulden während des Backens erhalten bleiben mit Platzhaltern (z. B. ausgeblasenen, ungefärbten Eiern) backen.

Classic

FÜR EIN GLAS

5 cl Gin

2,5 cl Limettensaft

2 cl Zuckersirup

etwas Koriander

etwas Minze

ein paar Tropfen
NOAN Olivenöl Classic

eine Prise Salz

1 Limette

Crazy Funky Fizz

Gin, Limettensaft, Zuckersirup, Koriander, Minze, Olivenöl und Salz kräftig mit Eiswüfeln shaken und in ein Glas über Eiswürfel abseihen. Mit frischer Minze und Limette garnieren.

TIPP: Als gesunde Snacks passen zu diesem Cocktail ganz hervorragend unsere NOAN Oliven und Macadamias.

Dieses Rezept ist von *Roman Firnkranz*

Green Creamy Dreamy Smoothie

Intensò

FÜR 1 SMOOTHIE

1 Mango (ca. 175 g)

1 Banane (ca. 125 g)

1 EL Zitronensaft (ca. 15 ml)

eine große Handvoll Salat oder Blattspinat (ca. 70 g)

1 EL NOAN Olivenöl Intenso (ca. 15 ml)

100 ml Wasser

Die Mango und die Banane schälen und in grobe Stücke schneiden und in den Mixbehälter geben. Den Salat oder den Spinat (je nach Vorliebe) waschen und eine große Handvoll ebenfalls in den Mixer geben. Mit den restlichen Zutaten 30 bis 50 Sekunden lang mixen – so lange, bis sich eine sämige Konsistenz ergibt. Den grünen Smoothie in ein breites Glas gießen, mit etwas Minze dekorieren und in kleinen Schlucken langsam genießen.

TIPP: Grüne Smoothies sind nicht nur gesund und lecker, sie können auch beim Abnehmen helfen. Mehr dazu erfahren Sie bei Roman Firnkranz (Adresse siehe Seite 135).

Sul Portuguesa Cocktail

FÜR EIN GLAS

4 cl Gin Sul (Hamburger Gin, versetzt mit portugiesischen Kräutern)

4 cl Grapefruitsaft

4 cl Provence-Kräuterwasser

3 cl Met Wein

2 cl Holunderblütensirup

2 Spritzer Lavendel Bitters

1 Eiklar

NOAN Olivenöl Douro

1 Prise Pfeffer

Garnitur:

Goldband-Selar getrocknet, leicht gegrillt

NOAN Oliven

Alle Zutaten bis auf das Olivenöl und den Pfeffer in einen Shaker geben und ohne Eis trocken mixen, bis das Eiklar aufgeschäumt beziehungsweise eine cremige Konsistenz entstanden ist. Dann Eiswürfel hinzufügen und für weitere 15 Sekunden kräftig shaken. In einer großen Cocktailschale abseihen. Das Olivenöl in einen Zerstäuber umfüllen und den Cocktail mit dem Olivenöl besprühen. Zuletzt mit etwas frisch gemahlenem Pfeffer garnieren.

Für die Garnitur:

Zwei bis drei Trockenfische auf einen Schaschlickspieß geben und über einer feuerfesten Schale von beiden Seiten leicht grillen. Außerdem eine kleine Schale Oliven zusammen mit dem Cocktail servieren.

TIPP: Das Provence-Kräuterwasser kann man leicht selbst herstellen: 10 g Kräuter der Provence (üblicherweise eine Mischung aus Bohnenkraut, Rosmarin und Thymian, oft durch Lavendel, Oregano und Majoran ergänzt) mit kochendem Wasser übergießen und mindestens eine halbe Stunde ziehen lassen. Dann durch einen Filter in eine gut verschließbare Flasche abseihen und kalt stellen.

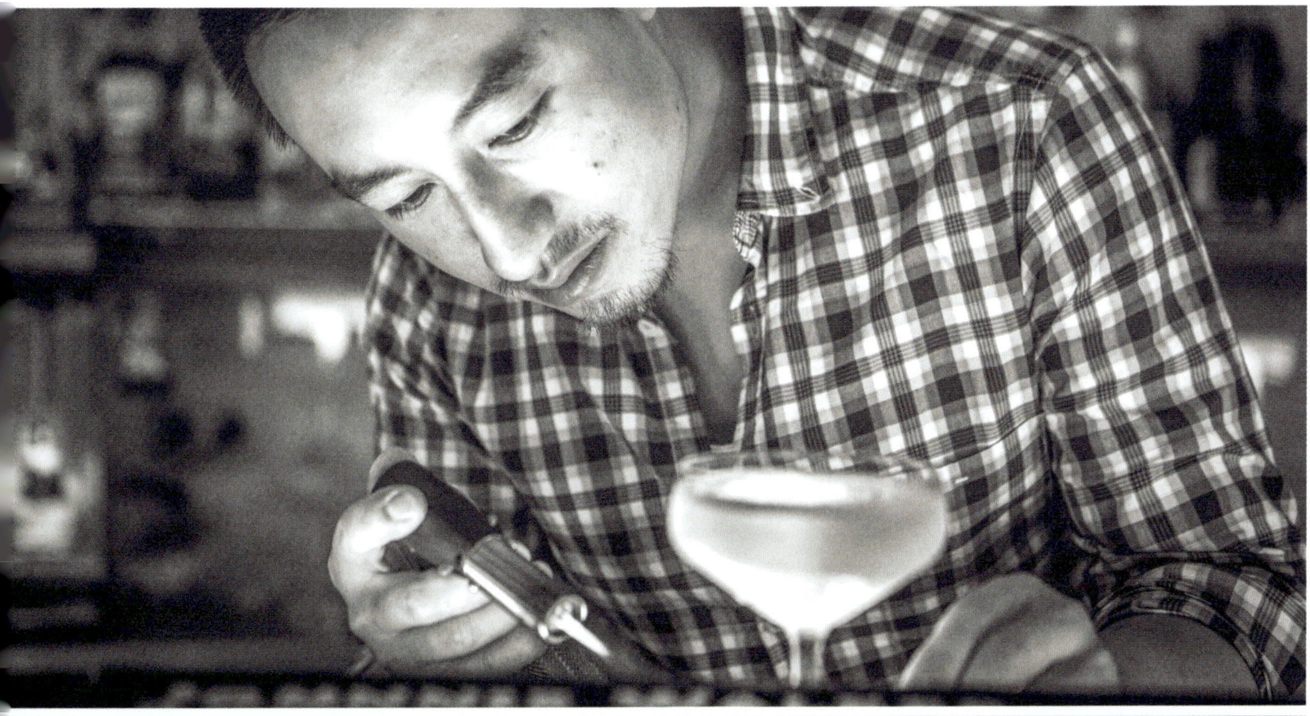

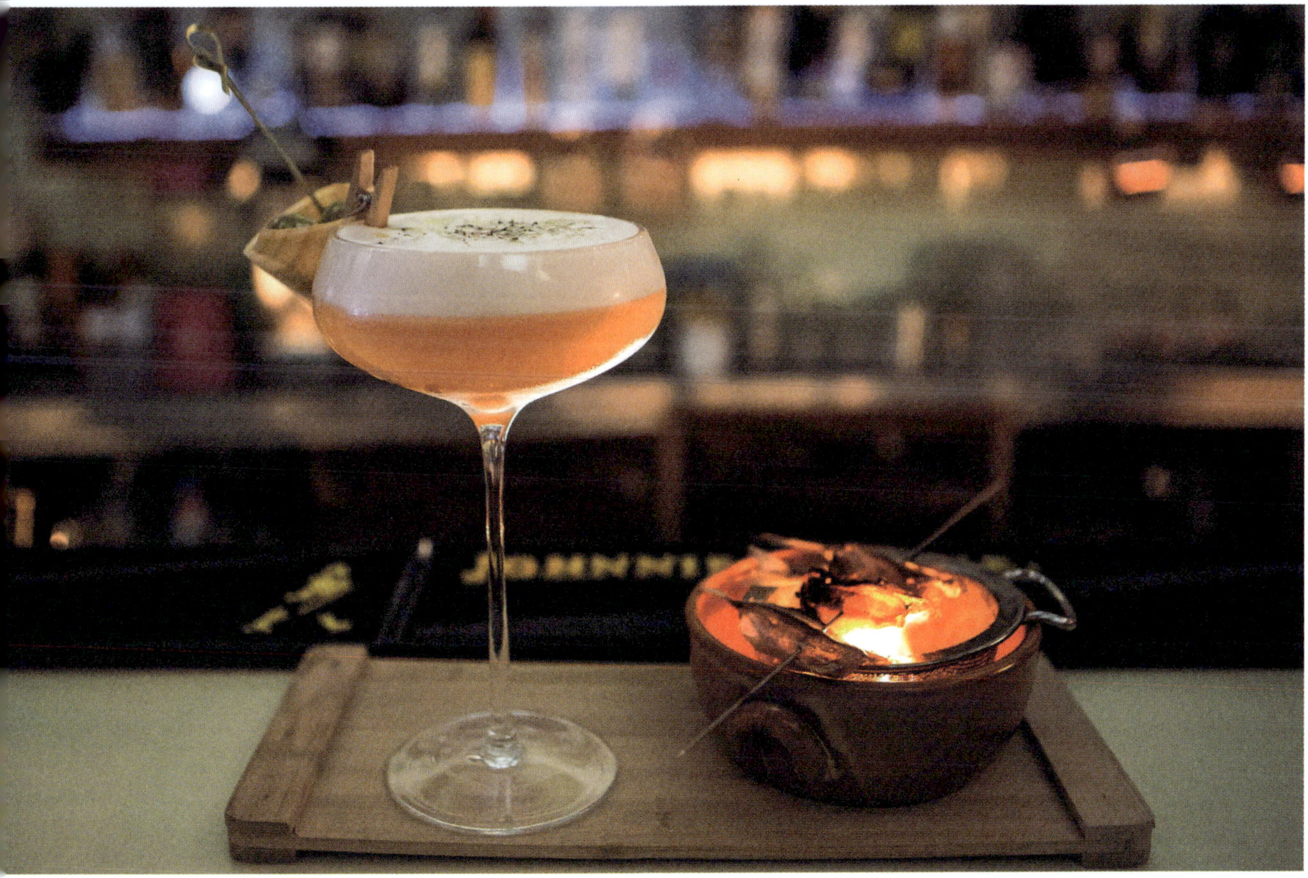

NOAN – Olivenöl
fürs soziale Getriebe

Am Beginn von NOAN stand eine Überzeugung: der Glaube an ein soziales Unternehmenskonzept, mit dem durch Produkte von höchster Qualität auch menschlich eine nachhaltige Veränderung zum Positiven erreicht werden kann.

Ausgangspunkt des Projektes war Griechenland. Auf der Halbinsel Pilion trat NOAN 2008 unter die Olivenölproduzenten mit dem Ziel, den gesamten Gewinn an Bildungsprojekte für benachteiligte Kinder und Jugendliche zu spenden. Aber nicht nur das: Es sollte ein wirklich gutes Olivenöl werden und – entsprechend der Grundidee der Nachhaltigkeit –, es sollte auf allen Ebenen der Produktionskette alles richtig gemacht werden – angefangen bei einem sorgsamen Umgang mit der Natur, über die gute Zusammenarbeit mit den Bauern, den Transfer von Know-how und eine faire Bezahlung, bis hin zur schonenden Verarbeitung der Oliven.

Das Projekt startete gut: NOAN schaffte es bei renommierten Wettbewerben auf Anhieb in die Listen der besten Olivenöle. Der Erfolg kam nicht von ungefähr, sondern auch durch die Zusammenarbeit mit dem international bekannten Olivenöl-Experten Duccio Morozzo della Rocca. Viele Auszeichnungen und Top-Listungen folgten, unter anderem im namhaften Olivenöl-Guide Flos Olei. Zwei weitere Öle,

das NOAN Douro und NOAN Intenso, kamen hinzu und machten sich einen Namen bei Gastronomen, Spitzenköchen, im Handel und natürlich bei den Kunden. Zum Sortiment gesellten sich griechische Amfissa-Tafeloliven, zwei österreichische Balsamessige und Macadamianüsse aus eigener Produktion in Australien.

Der gesamte Reinerlös von NOAN wird gespendet, fünfzig Prozent des Gewinns bleiben dabei jeweils in dem Land, in dem er erwirtschaftet wurde. Der Rest wird überregional verteilt. Über 17 Projekte in acht Ländern konnten seit der Gründung bis einschließlich 2016 mit an die 160.000 Euro unterstützt werden,

darunter etwa der österreichische Verein „Light of Love", der sich um die Finanzierung einer indischen Integrationsschule mit 500 Schülerinnen und Schülern kümmert, mehrere Grundschulen am Pilion, denen es vor allem an den nötigen Unterrichtsmaterialien seit der Krise 2010 mangelt, sowie die „Wiener Lerntafel", die kostenlose Nachhilfe für Kinder aus benachteiligten Familien ermöglicht und monatlich bis zu 500 Kinder betreut. Auch in Deutschland, der Schweiz und in Skandinavien werden Projekte unterstützt.

Nähere Infos über NOAN und zu den Spendenprojekten finden Sie im Internet auf www.noan.org.

„Friends of NOAN"-Köche

AGRIGIANNIS, KOSTAS | Griechischer Olivenbauer

Kostas ist ein langjähriger Freund und Olivenbauer
in Griechenland. Außerdem kann er hervorragend kochen.

AICHHOLZER, GERALD | Low-Carb-Hobbykoch, IT-Genie

Gerald Aichholzer ist ein langjähriger Unterstützer von NOAN.
Er kümmert sich nicht nur um unsere IT-Belange, sondern
hat uns als begnadeter Hobbykoch viele grandiose
Low-Carb-Rezepte kredenzt.

www.noan.org/blog/low-carb-kitchen-video-mit-gary | www.bluemonkeys.at

AMADOR, JUAN | Amador's Wirtshaus und Greißlerei, Wien | ★★

Juan Amador ist ein ganz Großer der Spitzenküche. Mit seinem
Restaurant „Amador's Wirtshaus und Greißlerei" erhielt er auf
Anhieb gleich zwei Michelin-Sterne.

www.amadors-wirtshaus.com

AVOCADOBANANE | Food-Bloggerin, Fotografin

Florence Stoiber ist Food-Bloggerin und Fotografin. Ihr haben
wir es großteils zu verdanken, dass dieses Buch auch optisch
ein Genuss ist.

www.avocadobanane.com | www.florencestoiber.com

BRECHER, THOMAS | Küchenchef und Kochtrainer

Thomas Brecher war Küchenchef in exklusiven Hotels in Tirol
(z. B. im „Weisses Rössl Kitzbühel"). Heute ist der diplomierte
Diätkoch in seinem Heimatort für die Verpflegung mehrerer öf-
fentlicher Einrichtungen und von Essen auf Rädern zuständig.

DIE JUNGS | Food-Blogger

Die Jungs, das sind Torsten und Sascha. Die beiden leben ihre Leidenschaft zum Kochen und Backen auf ihrem ausgezeichneten Food-Blog.

www.diejungskochenundbacken.de

Ziegenkäse-Birnen-Tarte	97

DOMSCHITZ, CHRISTIAN | Vestibül, Wien | ♧♧

Christian Domschitz ist Chef de Cuisine in einer kulinarischen Top-Adresse Wiens. Im „Vestibül" werden Saisonalität und eine ehrliche Zubereitung hochgehalten.

www.vestibuel.at

Nougatmousse mit gebratenen Feigen	107

FIRNKRANZ, ROMAN | Ernährungstrainer

Roman Firnkranz ist absoluter Experte, was grüne Smoothies zum Genießen und Abnehmen betrifft, und hat bereits ein Buch dazu geschrieben.

www.gruene-smoothies.info

Green Creamy Dreamy Smoothie	127

IVIĆ, PAUL | Tian, Wien | ★

Keiner kann vegetarische Spitzenküche besser: Paul Ivić hat es im Restaurant Tian als einer der wenigen geschafft, mit rein vegetarischer Kost einen Michelin-Stern zu erkochen.

www.tian-restaurant.com/wien

Sommerlicher Quinoa-Salat	25

KAMP, MATTHIAS | Mastermind der Albertina Passage, Wien | ♧♧

Matthias Kamps Idee eines Dinnerclubs mit grooviger Live-Musik sucht seinesgleichen in diesem Lande. Küche und Bar sind ebenso brillant.

www.albertinapassage.at

Ceviche von der Jakobsmuschel	36

★ Michelin-Stern | ♧ Gault-Millau-Haube

KÖNIG, DENIS | Le Salzgries, Wien | ♧

Denis König ist Meister der französischen Cuisine. Davon überzeugen kann man sich in seinem Hauben-Restaurant „Le Salzgries" im ersten Wiener Gemeindebezirk.

Rotbarbe mit Spargel und Sauce Cap Ferrat	65
Riesengarnelen an Avocado	91

www.le-salzgries.at

LETZ, ROBERT | Im Park im Hotel Schlosspark Mauerbach, NÖ | ♧

Im Haubenrestaurant „Im Park" im Schlosspark Mauerbach in Niederösterreich kombiniert Robert Letz Köstlichkeiten aus Bodenständigkeit und Kreativität.

Orangen-Gugelhupf	113

www.schlosspark.at

NEGÜZEL, ORHAN | Café Landtmann, Wien

Orhan Negüzel ist Küchenchef im Café Landtmann, einem der elegantesten traditionellen Kaffeehäuser Wiens

Carpaccio à la Landtmann	39

www.landtmann.at

NEUHERZ, JOSEF | Collio im Hotel Triest, Wien | ♧

Der sympathische Josef Neuherz beglückt seine Gäste mit Interpretationen norditalienischer Küche im Restaurant „Collio" im Wiener Hotel Triest.

Gegrilltes Kalbscarpaccio auf Melanzanicreme	42
Kalbsrückensteak auf Kartoffel-Oliven-Püree	92

www.dastriest.at

OTTO, HENDRIK | Lorenz Adlon Esszimmer im Hotel Adlon Kempinski, Berlin | ★★

Zwei Michelin-Sterne sprechen für sich: Hendrik Otto ist Küchenchef im „Lorenz Adlon Esszimmer" im Hotel Adlon Kempinski Berlin.

Rehbolognese	83
Grießknödel mit geschmorter Birne	114

www.lorenzadlon-esszimmer.de

PALLA, ALEXANDRA | Food-Bloggerin

Alexandra ist Expertin, was Kulinarik und Foodblogs betrifft. Neben ihrem Blog designt sie Küchenutensilien und ist Gründerin des Austria Food Blog Award.

www.alexandrapalla.at

Panzanella rough cut	26
Chimichurri	119

PHILIPP, MARCUS | Albertina Passage, Wien | ♟♟

Marcus Philipp ist ein Weltklasse-Barmann – und das ganz offiziell. Er wurde nicht nur Österreich-Sieger der Diageo World Class 2017 (bekanntester Bartender-Wettbewerb), sondern schaffte es auch unter die zehn Besten der Welt.

www.albertinapassage.at

Crazy Funky Fizz	126

PLANETA, SONJA | Food-Bloggerin

Auf Sonja Planetas kulinarischem Blogazine findet man grandiose Rezepte und Porträts von Persönlichkeiten aus der Kulinarik-Szene.

www.complimenttothechef.com

Büffelmozzarella mit Tomatenrelish	35

QUESTER, ALI UND KAJA | Questers feine Fische, Mariazell, Steiermark

Spitzenköche schwören auf ihre Produkte: Von Alexander und Kaja Quester bekommt man exzellente Forellen und Saiblinge aus eigener Zucht und Wild aus den alpinen Regionen Österreichs.

www.questers.at

Fischburger	75

RESCH, STEFAN | The Bank Brasserie & Bar im Park Hyatt Vienna | ♟

Sein kulinarischer Weg führte ihn bereits nach Berlin, Zürich und Tokio. Aktuell ist Stefan Resch Küchenchef der „The Bank Brasserie & Bar" im Park Hyatt Vienna..

www.restaurant-thebank.at

Melanzani-Toast	47
Kabeljau mit Kapern-Sherry-Vinaigrette	69

STOLZER, DOMINIK | Anna Sacher im Hotel Sacher, Wien | 🍳🍳

Dominik Stolzer ist seit 2015 für die Kulinarik im Hotel Sacher in Wien verantwortlich, wo er klassische Gerichte weiterentwickelt und gleichzeitig die Tradition des Hauses hochhält.

Soufflierte Stubenkükenbrust 86

www.sacher.com

TURCO, VITTORIO | Privatkoch

Vittorio Turco ist ein grandioser sizilianischer Koch und hatte in Wien bereits mehrere Restaurants.

Tartare di Branzino 51

WRAPSTARS | Wrap-Experten im Foodtruck, Wien

Die Wrapstars lieben Wraps, sind im Foodtruck unterwegs und machen Catering auf diversen Events.

Couscous-Wrap 101

www.wrapstars.at

ZEISSL, MARTIN | Motto am Fluss, Wien | 🍳

Martin Zeißl kann mit seinen jungen Jahren schon auf eine steile Karriere zurückblicken. Als Küchenchef im Wiener Restaurant „Motto am Fluss" interpretiert er österreichische Küche neu.

Gegrillter Römersalat	31
Lachstarte mit Gemüsevariation	56
Gegrilltes T-Bone-Steak	67
Lammkronen mit Gröstl und Herzkirschen	94

www.mottoamfluss.at

ZUO, KAN | The Sign Cocktail Lounge, Wien

Kan Zuo ist das Mastermind in der „The Sign Cocktail Lounge", einer der besten Cocktail-Bars des Landes.

Sul Portuguesa Cocktail 128

www.thesignlounge.at

Register

Der Schwierigkeitsgrad der Gerichte ist folgendermaßen angegeben:

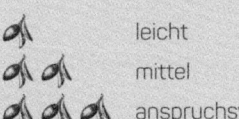

leicht

mittel

anspruchsvoll